ソフトウェア知的財産
－法律から実務まで－

金沢工業大学大学院　教授
加藤浩一郎 著

社団法人 発明協会

はじめに

　ソフトウェアは、有形的な存在ではない無体物であり、知的財産として、その法的な保護が必要不可欠なものである。しかし、ソフトウェアを扱うエンジニアや研究者において、知的財産法による保護に関する正確な知識が不十分なことや、権利内容について誤解があることが多く見受けられる。また、ソフトウェアは、法律実務上においても特有の取り扱いがなされることも多く、ソフトウェアに関する発明や著作物を扱う法務部や知的財産部のスタッフや弁理士等も、その特有な取り扱いについて適切な知識を有することが必要となる。

　一方、ソフトウェアの法的な保護については、以前は著作権法と特許法のいずれで保護すべきかという議論がなされ、最近はいわゆるソフトウェア特許は必要かといった議論や、著作権法によるソフトウェア著作物の保護範囲はどこまでかといった問題に関する議論や争いが活発になされ、マスコミでも頻繁に取り上げられるまでに社会問題化している。しかし、このような議論や争いにおいても、そもそもソフトウェアの法的な保護の現状に関して正確な認識が欠けており、エンジニア等と法律専門家との間で議論がかみ合わないことも多いように見受けられる。

　このような背景の下、本書は、ソフトウェアの知的財産法による保護について、その法律的な側面から実務を行うために必要な知識までをまとめたものである。つまり、本書は、現状においてソフトウェアはどのように知的財産として法的に保護されるか、という点を述べるものである。したがって、本書の主たる対象はソフトウェアのエンジニア・研究者、さらに知的財産部のスタッフや弁理士などの実務家であるが、それらのみならず、広く知的財産興味のある方が、ソフトウェアという身近な切り口から知的財産法とその実務を学べるように、できるだけ基本的

はじめに

事項から最新の実務までを説明している点に特徴を有するものである。

　本書が、これらの方々に広く用いられ、活用されることにより、ソフトウェアが知的財産として適切に保護され、ひいてはわが国の産業の発達と知的財産立国の実現に寄与することを切に願うものである。

　本書を執筆するにあたり、金沢工業大学大学院客員教授・木越力氏（弁理士、トムソン技術研究所特許部次長）には特許法に関する部分について、金沢工業大学大学院客員教授・牛久健司氏（弁理士、牛久特許事務所所長）には国際的な特許法による保護に関する部分について、金沢工業大学大学院客員教授・市村直也氏（弁護士、橋元綜合法律事務所）には著作権法による保護に関する部分について、きわめて有益な助言をいただいた。ここに記して心よりお礼を述べる次第である。

平成18年3月

　　　　　　　　　　　金沢工業大学大学院　教授　　加藤　浩一郎

目　次

はじめに

第1章　（総論）ソフトウェアの知的財産法による保護について　1
1. 知的財産法とは ─── 1
2. ソフトウェアとは ─── 5
3. 知的財産法の保護対象の概要 ─── 7
   3.1 特許法 ─── 7
   3.2 実用新案法 ─── 7
   3.3 意匠法 ─── 8
   3.4 商標法 ─── 9
   3.5 著作権法 ─── 9
   3.6 ソフトウェアの知的財産法による保護の概要 ─── 10
4. ソフトウェアと知的創造サイクル ─── 11
   4.1 知的創造サイクルとは ─── 11
   4.2 ソフトウェアの特殊性 ─── 12
   4.3 企業経営におけるソフトウェアと知的創造サイクル ─── 13

第2章　ソフトウェアの特許法による保護　15
1. 特許法の目的と保護対象 ─── 15
   1.1 特許法の目的 ─── 15
   1.2 特許法の保護対象 ─── 17
      1.2.1 発明であること ─── 17
      1.2.2 「産業上利用できる」発明であること ─── 22
      1.2.3 発明のカテゴリ ─── 23
   1.3 特許法におけるプログラム ─── 24

1.3.1 プログラムの定義 ──────────── 24
   1.3.2 「物」の発明にプログラムを含めることについて ──── 26
   1.3.3 ソフトウェア発明の保護形態 ──────── 28
2. 特許法による保護を受けるための要件 ─────── 30
  2.1 新規性があること ─────────── 30
   2.1.1 新規性とは ──────────── 30
   2.1.2 新規性喪失の例外 ─────────── 33
  2.2 進歩性があること ─────────── 35
   2.2.1 進歩性とは何か ──────────── 35
   2.2.2 進歩性の審査基準 ─────────── 36
   2.2.3 ソフトウェア発明についての考慮事項 ──── 37
  2.3 その他の特許を受けるための要件 ──────── 39
   2.3.1 先願であること ──────────── 39
   2.3.2 拡大された先願の地位 ──────── 40
   2.3.3 特許を受けられない発明 ──────── 41
  2.4 発明者の権利 ─────────── 42
   2.4.1 特許を受ける権利 ─────────── 42
   2.4.2 職務発明制度 ──────────── 42
3. 特許法による保護を受けるための手続 ──────── 46
  3.1 書類の作成 ─────────── 46
   3.1.1 願書 ──────────── 47
   3.1.2 特許請求の範囲 ──────────── 48
   3.1.3 明細書 ──────────── 49
   3.1.4 図面、要約書 ──────────── 52
   3.1.5 ソフトウェア発明とその特許請求の範囲の記載例 ── 55
  3.2 特許庁における手続 ─────────── 60
   3.2.1 出願公開と補償金請求権 ──────── 60

目次

　　　3.2.2　出願審査請求 ———————————— 60
　　　3.2.3　優先審査、早期審査 ——————————— 61
　　　3.2.4　国内優先権制度 ———————————— 62
　3.3　拒絶理由通知とそれに対する応答 ———————— 62
　　　3.3.1　拒絶理由通知 ————————————— 62
　　　3.3.2　意見書・補正書 ———————————— 63
　　　3.3.3　参考事例 ——————————————— 64
　3.4　拒絶査定不服審判・訴訟 ——————————— 68
　　　3.4.1　拒絶査定 ——————————————— 68
　　　3.4.2　拒絶査定不服審判 ———————————— 68
　　　3.4.3　審決取消訴訟 ————————————— 68
　3.5　公開特許公報と特許公報 ——————————— 69
4.　特許法により受けられる保護の内容 ————————— 70
　4.1　特許権による保護の内容 ——————————— 70
　　　4.1.1　特許権とは ——————————————— 70
　　　4.1.2　特許権の範囲 ————————————— 70
　4.2　特許権の侵害 ———————————————— 71
　　　4.2.1　侵害とは ——————————————— 71
　　　4.2.2　プログラムの実施行為 —————————— 72
　　　4.2.3　侵害かどうかの判断 ——————————— 78
　　　4.2.4　均等論 ———————————————— 83
　　　4.2.5　間接侵害 ——————————————— 85
　4.3　侵害に対する対応 —————————————— 86
　　　4.3.1　侵害行為に対する救済措置 ————————— 86
　　　4.3.2　侵害発見時の特許権者等の対応 ——————— 88
　　　4.3.3　侵害警告を受けた場合の対応 ———————— 89
　4.4　権利行使を考慮したクレーム作成例 ——————— 90

5. 国際的なソフトウェアの特許法による保護 ─── 101
5.1 条約による保護 ─── 101
5.2 パリ条約 ─── 101
5.2.1 内国民待遇 ─── 101
5.2.2 優先権 ─── 102
5.2.3 特許独立の原則 ─── 103
5.3 特許協力条約（PCT: Patent Cooperation Treaty） ─── 103
5.3.1 PCTの手続 ─── 103
5.3.2 我が国における手続への移行（特184条の3〜184条の20） ─ 105
5.3.3 PCTルートのメリット・デメリット ─── 105
5.4 外国への直接出願 ─── 106

6. 欧米におけるソフトウェアの特許法による保護 ─── 107
6.1 米国特許法における保護の対象 ─── 107
6.1.1 法定の主題 ─── 107
6.1.2 法定の主題の判断手法 ─── 107
6.1.3 ソフトウェア発明の解釈 ─── 109
6.1.4 ビジネス方法関連発明の特許性 ─── 112
6.2 ヨーロッパ特許条約における保護対象 ─── 113
6.2.1 特許性のある発明 ─── 113
6.2.2 技術との関係 ─── 114
6.2.3 ビジネス方法関連発明 ─── 115
6.2.4 ヨーロッパにおけるソフトウェア特許に関する議論 ─── 115

第3章 ソフトウェアの著作権法による保護　117
1. 法目的と保護対象 ─── 117
1.1 著作権法の目的 ─── 117
1.2 著作権法の保護対象となるプログラム ─── 118

- 1.2.1 プログラムの定義 ──────────── 118
- 1.2.2 プログラムにおける「指令」 ──────── 120
2. 保護の要件 ──────────────────── 122
  - 2.1 著作物の要件 ──────────────── 122
  - 2.2 プログラムの創作性 ─────────── 122
  - 2.3 表現とアイデア ────────────── 125
  - 2.4 著作者 ──────────────────── 129
    - 2.4.1 著作者の定義 ────────────── 129
    - 2.4.2 職務上作成するプログラムの著作物の著作者 ──── 129
3. 保護を受けるための手続 ─────────── 131
  - 3.1 無方式主義 ───────────────── 131
  - 3.2 登録制度 ────────────────── 131
  - 3.3 プログラム著作物登録の方法 ───── 132
4. ソフトウェアの著作権法による保護の内容 ──── 136
  - 4.1 プログラムの著作者の権利の種類 ──── 136
  - 4.2 プログラムの著作者人格権 ────── 137
    - 4.2.1 公表権 ────────────────── 137
    - 4.2.2 氏名表示権 ──────────────── 137
    - 4.2.3 同一性保持権 ────────────── 138
    - 4.2.4 同一性保持権とゲームソフト ────── 139
  - 4.3 プログラムの著作権(著作財産権) ──── 141
    - 4.3.1 複製権 ────────────────── 141
    - 4.3.2 プログラムの複製に関する問題点 ──── 142
    - 4.3.3 公衆送信権・送信可能化権 ─────── 147
    - 4.3.4 譲渡権 ────────────────── 149
    - 4.3.5 貸与権 ────────────────── 149
    - 4.3.6 翻案権 ────────────────── 150

4.3.7　頒布権とゲームソフト ―――――――――――――― 153
　4.4　著作権の侵害 ――――――――――――――――――― 153
　　4.4.1　著作権の侵害 ―――――――――――――――― 153
　　4.4.2　複製権の侵害 ―――――――――――――――― 154
　　4.4.3　著作権の権利範囲と侵害 ―――――――――――― 155
　　4.4.4　著作権侵害とみなす行為 ―――――――――――― 157
　　4.4.5　権利侵害に対する救済 ――――――――――――― 158
　　4.4.6　技術的保護手段に関するソフトウェアの著作権による保護 - 160
5．ソフトウェアの著作権法による国際的な保護 ――――――――― 163
　5.1　条約による保護 ―――――――――――――――――― 163
　　5.1.1　ベルヌ条約 ――――――――――――――――― 163
　　5.1.2　万国著作権条約 ――――――――――――――― 164
　　5.1.3　TRIPS協定 ――――――――――――――――― 165
　5.2　オープンソースソフトウェア(OSS) ―――――――――― 165
　　5.2.1　オープンソースソフトウェア(OSS)とは ――――― 165
　　5.2.2　OSSとフリーソフトウェアの関係 ――――――――― 166
　　5.2.3　OSSのメリット ――――――――――――――― 167
　　5.2.4　OSSとライセンス ―――――――――――――― 168
　　5.2.5　OSSと我が国著作権法 ―――――――――――― 168

第4章　ソフトウェアのその他の知的財産法による保護　171
1．ソフトウェアの不正競争防止法による保護 ――――――――― 171
　1.1　営業秘密としてのソフトウェアの保護 ―――――――――― 171
　　1.1.1　ソフトウェアと営業秘密 ――――――――――――― 171
　　1.1.2　営業秘密についての不正競争行為 ―――――――――― 172
　1.2　技術的制限手段としてのソフトウェアの保護 ――――――― 175
　1.3　ゲームソフトの商品形態表示としての保護 ―――――――― 178

2. ソフトウェアの商標法による保護 ―――――― 180
　2.1 保護対象 ―――――― 180
　2.2 保護を受けるための手続と保護の内容 ―――――― 180

資料1　コンピュータ・ソフトウエア関連発明の審査基準 ―――――― 181
資料2　ビジネス関連発明に対する判断事例集 ―――――― 199
資料3　ビジネス関連発明の主な判決事例 ―――――― 229
資料4　ソフトウエア著作権法 ―――――― 237

参考文献 ―――――― 251

事項索引 ―――――― 253

第1章 (総論) ソフトウェアの知的財産法による保護について

1. 知的財産法とは

　知的財産とは、有形的な存在である具体的な「物」ではなく、財産的価値のある無体の「情報」である。そして、この知的財産を保護する法律が知的財産法（Intellectual Property Law、無体財産法や知的所有権法と呼ばれることもある）である。ただし、この知的財産法という名前の法律自体は実際には存在せず、複数の関連する法律の総称である。この点は、民法や民事訴訟法などのように、その名前の法律が実際にあるものとは異なる。

　この知的財産法を構成する複数の法律について、分類の仕方は色々あるが、一つの例としては、保護対象とする知的財産の「情報の種類」に応じて、「創作法」と「標識法」の2つに分類することができる（図1－1参照）。

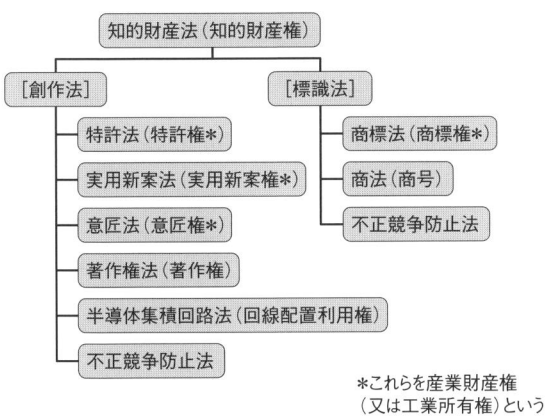

図1－1　知的財産法の分類

1．知的財産法とは

　創作法、すなわち創作活動の結果生じた創作物に関する法律としては、たとえば技術的アイデア（発明）を保護対象とする特許法、物品のデザイン（意匠）を保護する意匠法、創作的な表現（著作物）を保護する著作権法などがある。
　標識法、すなわち営業上の標識に関する法律としては、商品やサービスを区別する標識（商標）を保護する商標法がその代表である。
　なお、特許権、実用新案権、意匠権及び商標権を合わせて産業財産権（または工業所有権）と呼んでいる。
　これらの知的財産法とその保護対象となる知的財産を具体的にイメージできるように、例として、コンピュータについて考えてみる。コンピュータには、以下の図1－2に示すような知的財産が含まれている。

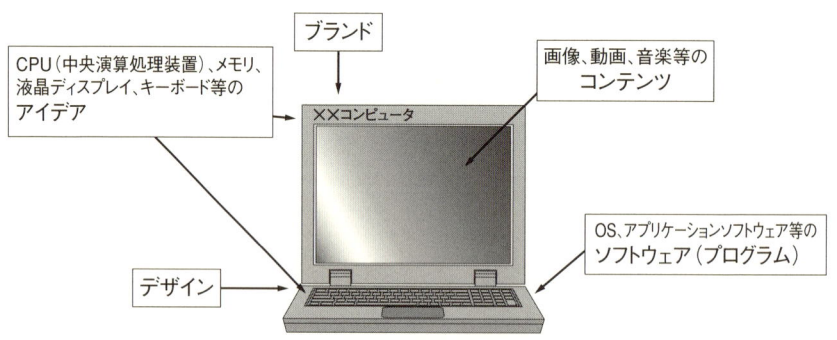

図1－2　コンピュータと知的財産

すなわち、まずハードウェアとして、CPU（中央演算処理装置）、メモリ、液晶ディスプレイ、キーボード等がある。これらにはCPUでの高速処理のための構成、液晶ディスプレイの構造・素材、キーボードの設計等について技術的な工夫（**アイデア**）が含まれている。また、全体の外観について**デザイン**が施されている。さらに、そのコンピュータを製造・販売している会社名やそのコンピュータの商品名が**ブランド**として記載されている。一方、コンピュータを動作させるためにはOS（オペレーティングシステム）やワープロソフトなどの**ソフトウェア（プログラム）**が必要である。さらにこれらのソフトウェアの実行により、音楽や画像等の**コンテンツ**を再生等することができる。

　このようなアイデア、デザイン等がまさに知的財産であり、これらを権利として保護するのが知的財産法である（図1－3参照）。すなわち、CPU（中央演算処理装置）、メモリ、液晶ディスプレイ、キーボード等についての技術的な工夫（アイデア）は「発明」として特許法、または「考案」として実用新案法で保護される。また、全体の外観についてのデザインは「意匠」として意匠法で保護される。さらに、そのコンピュータのブランドは「商標」として商標法で保護される。（なお、これらは、場合によって不正競争防止法で保護される場合もある。）さらに音楽や画像等のコンテンツは「著作物」として著作権法で保護される。

　そして、**ソフトウェア（プログラム）**がどのように保護されるのか、という点が本書のテーマである。

1．知的財産法とは

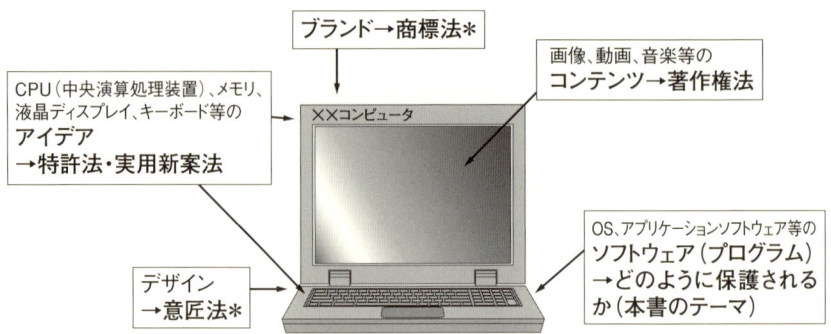

＊その他、不正競争防止法で保護されることもある

図1－3　コンピュータと知的財産法

2．ソフトウェアとは

　ここでは、本書が取り上げる「ソフトウェア」の意義について説明する。

　コンピュータ用語辞典[1]によれば、ソフトウェアとは、「狭義にはコンピュータプログラムとほぼ同じ意味。コンピュータを動作させる手順・命令をコンピュータが理解できる形式で記述したもの。コンピュータを構成する電子回路や周辺機器などの物理的実体をハードウェアと呼ぶのに対して、形を持たない手順や命令などをソフトウェアと呼ぶ。広義にはコンピュータが扱うプログラム以外のデータを含めてソフトウェアと呼ぶ場合もある。ソフトウェアはその役割によって基本ソフトウェア（オペレーティングシステム）とアプリケーションソフトに大別される。WindowsやMac OS、UNIXなどは前者にあたり、ワープロソフトや表計算ソフトなどは後者に分類される。」とされている。

　本書で取り上げるソフトウェアとは、ここでいう狭義のソフトウェア、すなわちコンピュータプログラム（本書では単に「プログラム」ともいう）のことである。したがって、原則としてデータ（データベース）のようなものは含んでいない。すなわち、本書においては、

　　ソフトウェア＝コンピュータプログラム（＝プログラム）

である。

　ただし、以下においても説明するように、法律上は「プログラム」と

---

[1] 「Yahoo！コンピュータ用語辞典」
　 http://computers.yahoo.co.jp/dict/software/architecture/1477.html

2．ソフトウェアとは

いう用語が定義とともに用いられているが、法律関連の解説書等においてソフトウェアという用語もプログラムとほぼ同義として多用されている。このため、本書においては、原則としてソフトウェアという用語を用いるが、条文の定義規定等の法律的な説明や議論を行う場合等において、必要に応じてプログラムという用語を用いる。

3．知的財産法の保護対象の概要

 ソフトウェアが知的財産法によってどのように保護されるかを説明する前に、そもそもこれらの法律はどのような知的財産を保護するものなのか、主な知的財産法の保護対象の概要について、以下において説明する。そして、ソフトウェアがこれらの法律により、どのように保護されるのかを簡単に説明する。

3.1 特許法
 特許法においては、その保護対象である「発明」とは、「自然法則を利用した技術的思想の創作のうち高度のものをいう」とされている（特2条1項）。そして、その保護対象である発明は、物と方法の2つのカテゴリに分けられるとされており、プログラムについては、物の発明に含まれることが規定上明らかにされている（特2条3項）。また、特許法においてプログラムとは、電子計算機に対する指令であって、一の結果を得ることができるように組み合わされたものをいうとされている（特2条4項）。

 なお、ビジネス方法それ自体は、自然法則を利用したものとはいえないので、「発明」には該当しない。しかし、ビジネス上のアイデアをコンピュータやインターネットなどを利用して実現するような場合、自然法則を利用していると判断され特許されることがある。このような発明の多くは、ソフトウェアにより具体的に実現されているので、これをソフトウェア関連の発明の一種として「ビジネスモデル特許」あるいは「ビジネス方法関連特許」などとよぶことがある。

3.2 実用新案法
 実用新案法の保護対象である「考案」は、技術的思想の創作であるという点においては、特許法の保護対象である「発明」と同じであるが、

高度性は要求されていない（実2条1項）。さらに、実用新案法では保護対象を物品の形状、構造又は組み合わせに係る考案に限定しており（実1条）、方法の考案は保護対象とはされていない。この点において特許法の保護対象とは、明らかに相違している。

なお、実用新案権においては、登録までに審査官による実体審査が行われず、出願から早期に登録がなされる一方、保護期間は登録後出願日から10年で終了し、特許権（登録後出願日から20年で終了、特67条1項）に比して短い期間となっている（実15条）。つまり、実用新案法と特許法は、物の発明に関してはその保護対象において共通する部分があるが、制度内容が大きく異なっている。

3．3 意匠法

特許法は発明すなわち「技術的思想の創作」を保護するものであったが、これに対して物品の形状などに関する「美的な創作」である意匠を保護するものが意匠法である。すなわち、意匠とは、物品の形状、模様若しくは色彩又はこれらの結合であって、視覚を通じて美感を起こさせるものをいうとされている（意2条1項）。そして、意匠法はこのような意匠の保護及び利用を図ることにより、意匠の創作を奨励し、もつて産業の発達に寄与することを目的とするものである（意1条）。

したがって、例えば物品の形状についての創作であって、それが技術的な思想として捉えることができれば、特許法や実用新案法による保護が可能であり、美感を起こさせるものであれば意匠法による保護が可能となる。このような点を考慮して、これらの法律間では出願形式の変更が可能となっている（特46条、実10条、意13条）。

また、意匠法は上述の通り産業の発達を目的としており、工業的に量産できるものを保護対象としている。これに対し、著作権法は文化の発展を目的としており、例えば彫刻や絵画等のように、一品製作的なもの

の創作的な表現である著作物を保護する。よってこのような点において意匠法と著作権法とは異なっている。

3.4 商標法

　商標とは、自己と他人の商品又は役務（サービス）を識別するために用いられる標識のことである（商2条1項）。したがって、商標登録を受けるためには、まずその登録を受けようとする商標が識別力を有することが前提となる。

　そのため、商標登録の要件として、法は、自己の業務に係る商品又は役務について使用をする商標については、以下に掲げる商標を除き、商標登録を受けることができるとしている（商3条1項）。まず、その商品又は役務の普通名称を普通に用いられる方法で表示する標章のみからなる商標（同項1号）、及びその商品又は役務について慣用されている商標（同項2号）である。さらに、その商品の産地、販売地、品質等や、その役務の提供の場所、質、提供の用に供する物、効能等を普通に用いられる方法で表示する標章のみからなる商標（同項3号）、ありふれた氏又は名称を普通に用いられる方法で表示する標章のみからなる商標（同項4号）、及び極めて簡単で、かつ、ありふれた標章のみからなる商標（同項5号）であるが、これらについては使用により識別力を獲得した場合は商標登録を受けることができる（商3条2項）。また、これらの他にも、需要者が何人かの業務に係る商品又は役務であることを認識することができない商標は商標登録を受けることはできない（商3条1項6号）。さらに、たとえ識別力がある商標であっても、公益上の理由や私益との関係から、登録を受けることができない商標が規定されている（商4条1項）。

3.5 著作権法

　著作権法の保護対象である著作物は、思想又は感情を創作的に表現し

たものであつて、文芸、学術、美術又は音楽の範囲に属するものをいうとされている（著2条1項1号）。そして、この保護対象である著作物の中に、プログラムの著作物が含まれることが規定上において明らかにされている（著10条1項9号）。なお、著作権法においてプログラムとは、電子計算機を機能させて一の結果を得ることができるようにこれに対する指令を組み合わせたものとして表現したものをいうとされている（著2条1項10号の2）。

3.6 ソフトウェアの知的財産法による保護の概要

以上から明らかなように、法律上ソフトウェアはプログラムとして、特許法と著作権法において保護されることは明確にされている。従って、ソフトウェアがどのようにして、これらの法律により保護されるのか、その保護の対象や、保護を受けるための手続、そしてどのような保護が受けられるのか、といった点について法律的な面からだけでなく実務的な面からも詳細に説明するのが、本書の第2章（特許法による保護）、第3章（著作権法による保護）の記載内容である。さらに、これらの法律だけでなく、他の法律によってもソフトウェアは保護されることが考えられる。そのようなソフトウェアの保護について述べるのが本書第4章の内容である。これらの関係について、図1－4に示した。

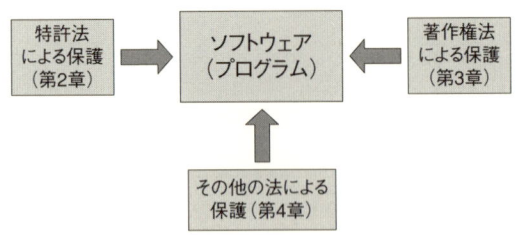

図1－4　ソフトウェアの知的財産法による保護

4．ソフトウェアと知的創造サイクル

4．1 知的創造サイクルとは

　最近、わが国においては、国家政策として「知的財産立国」という方針が打ち出されており、知的財産基本法を制定するとともに、知的財産法についても多くの法改正や関連する新法の制定などが行われている。

　この知的財産基本法は、内外の社会経済情勢の変化に伴い、我が国産業の国際競争力の強化を図ることの必要性が増大している状況にかんがみ、新たな知的財産の創造及びその効果的な活用による付加価値の創出を基軸とする活力ある経済社会を実現するため、知的財産の創造、保護及び活用に関し、基本理念及びその実現を図るために基本となる事項を定め、国、地方公共団体、大学等及び事業者の責務を明らかにし、並びに知的財産の創造、保護及び活用に関する推進計画の作成について定めるとともに、知的財産戦略本部を設置することにより、知的財産の創造、保護及び活用に関する施策を集中的かつ計画的に推進することを目的とするものである（知財基本法1条）。

　そして、これらの施策の重要な目標は、「知的創造サイクル」の実現にある。この知的創造サイクルとは、図1－5に示すように、知的財産の創造、権利化、活用を1つのサイクルとして実現しようとするものである。

4．ソフトウェアと知的創造サイクル

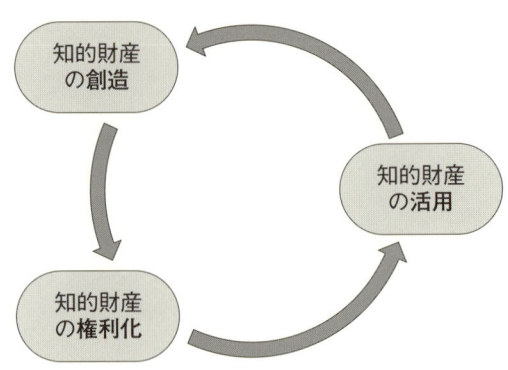

図1－5　知的創造サイクル

4．2 ソフトウェアの特殊性

　ソフトウェアは、有形的な存在ではない無体物であり、そもそも知的財産法により保護されることを前提とするものである。従って、一般に販売されているソフトウェアの多くは、それ自体が取引の対象とされているのではない。実際は、そのソフトウェアの著作権についての使用が許諾（ライセンス）されるものに過ぎない。
　よって、ソフトウェアを製品としてビジネスを行う場合、知的財産権（特に著作権）の存在を前提として、事業が行われているものと考えられる。これを図示すれば以下の図1－6の通りである。

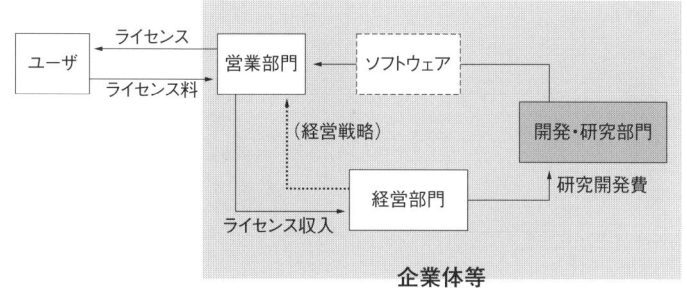

図1－6　ソフトウェア製品のビジネス

　すなわち、研究・開発部門で開発されたソフトウェアは、CD－ROM等の記録媒体やインターネットによるダウンロード等によりユーザへ販売され、そのソフトウェアをユーザに販売（ライセンス）する。そしてユーザから得た収入（ライセンス料）の一部を研究開発部門へ再投資するという形となる。この場合、あくまでいわゆる営業部門が販売活動を行うこととなり、ソフトウェアについて通常みられるビジネスのサイクルである。

4.3 企業経営におけるソフトウェアと知的創造サイクル

　研究部門から出てきた研究成果を、開発部門において製品化するとともに、それらの部門から出てきた特許を中心とした知的財産を市場の独占のために排他的に用いるというのも、知財戦略の1つである。しかし、そのような知的財産について、さらに広く他社へライセンスを行うことも知財戦略の1つである。

　特に研究開発型企業においては、自社内あるいは外部リソースを活用し、企業として知的創造サイクルを構築し、維持する知財戦略を立案し、遂行していくことが知的財産マネジメントの重要な目的となる。

　このような知財戦略のために、ソフトウェアについても、著作権だけ

4. ソフトウェアと知的創造サイクル

でなく、その他の知的財産権（特に特許権）により適切に権利化を図る必要がある。そして、これにより、ソフトウェア製品販売以外にも、あるいは製品化されなかった技術等についてもライセンスという形で収益を得て、それを研究・開発部門に再投資を行い、より新たな技術・製品開発につなげていくことが可能となる。この場合、その活動の中心となるのは、一般に知的財産部門となる。

このような活動を図示すれば図１－７のようになる。

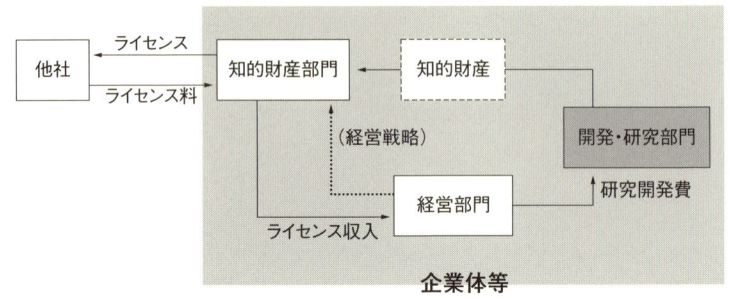

図１－７　ソフトウェア知的財産権と知的創造サイクル

例えば代表的な例である発明（特許）について説明すれば次の通りとなる。研究・開発部門の活動において生じた発明（知的財産）について、知的財産部門は権利化を行い、特許権を得る。そしてそれを他社にライセンスしてライセンス収入を得る。さらに、このようにして得られた知的財産権についてのライセンス収入を研究開発部門に研究開発費として再投資することにより、企業における知的創造サイクルが構築され、ひいては知的財産の積極的な活用が図られることとなると考えられる。

このように、ソフトウェアの知的財産権については、それを前提とするビジネスと、その活用という２つの側面が考えられることは大きな特徴である。

第2章 ソフトウェアの特許法による保護

1．特許法の目的と保護対象

1．1 特許法の目的

　ソフトウェアの特許法による保護について検討するにあたり、そもそも特許法は何のためにあるのか、その目的を正しく理解しておく必要がある。

　一般に、技術は研究開発活動の進展に伴って、時間とともに進歩していくものと考えられている。従って、例え特許法がないとしても、この様な技術については時間の経過とともに累積的に進歩すると考えられる。

　しかし、特許法が存在しない場合を考えると、どうなるであろうか。新規な発明をした者は、他者にその発明を模倣されたくないので、その内容を秘匿しようとするであろう。一方、そのように新規な発明が秘匿されてしまうと、その内容を知りえない第三者は、既に他人がなしている発明について、再度コストをかけて開発する必要があり、社会全体としてみれば、無駄な研究や投資が行われることとなる。

　よって、このような事態を避けるために、特許法は、新規な発明をした者は、その内容を一般に公開させることとし、その代償として発明内容を公開した者に対して、その公開した発明について一定期間の独占排他権である特許権を認めることとしたものである。そして、特許権者は、この独占排他権である特許権を活用することにより、研究に必要な投資の回収の機会を与えられることとなる。

　さらに、このようにして新規な発明内容の公開が進み、その内容を研究者等が上手く活用すれば、技術は時間の経過に伴う通常の累積的な進歩を超える飛躍的な進歩を図ることが可能となると考えられる（図2－

1参照)。

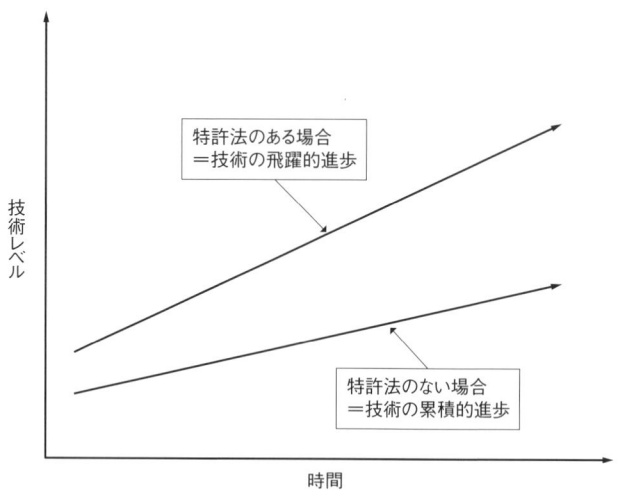

図2－1　技術の累積的進歩と飛躍的進歩

　以上の点を踏まえて、特許法の目的は、発明の保護及び利用を図ることにより、発明を奨励し、もつて産業の発達に寄与することであると規定されている（特1条）。
　つまり、特許法は、新規な発明について、その内容を公表させる代償として独占排他権である特許権を付与することにより、その発明の保護を図る。一方、その新規な発明の一般への公表によって、同じような発明についての重複研究や重複投資を防止する。さらに、特許権者がその発明を自分で実施したり、他人へ実施権を許諾する等により、その発明の積極的な利用をも図ることによって、発明活動を奨励し、もって我が国全体として産業の発達に寄与することを目的とするものである。
　特に、最近のコンピュータに関連する情報通信技術（IT）については、ドッグイヤーなどとも言われる程、技術が急速に進歩している。これは、近年の知的財産を重視する（特に米国を中心とした）世界的傾向から、

特許を中心とする知的財産権による先端技術の保護・活用が積極的に行われていることと無縁ではないと考えられる。

1．2 特許法の保護対象
1．2．1 発明であること
　ソフトウェアは特許法において保護されるが、この特許法により保護されるのは、ソフトウェアによって実現される「アイデア」である。しかし、アイデア一般であれば全て保護対象とされるわけではない。特許法によって保護されるのは、技術的なアイデアに限られている。

　より具体的には、特許権により保護されるのは法上の「発明」である（特1条）。すなわち、特許法において、この「発明」とは、「自然法則を利用した技術的思想の創作のうち高度のものをいう」と規定されている（特2条1項）。この法律に規定されている発明の定義のポイントを図2－2に示す。

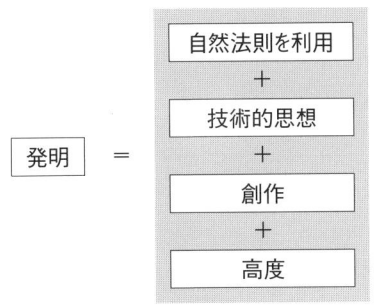

図2－2　発明の定義

それぞれの内容について、簡単に説明すれば以下のとおりである。
① 「自然法則を利用」したものであること
　「自然法則」とは自然界における法則のことであり、かつ「利用」していることが必要なので、自然法則それ自体は発明に該当しない。自然法則を利用しない人為的な取り決めや、自然法則に反するものも発明に該当しない。
② 「技術的思想」であること
　「技術」とは問題解決のための手段であり、技能とは異なり、知識として第三者に伝達できる客観性が必要となる。また、美的創作物や単なる情報の提示も発明には該当しない。
③ 「創作」であること
　「創作」とは人工的に新しいものを作り出すことであり、何も作り出さない単なる「発見」は発明に該当しない。
④ 「高度」であること
　実用新案法との差異を明確化したものである。

　よって、以下に示すような
・自然法則それ自体
・自然法則に反する永久機関
・ゲームのルールそれ自体
・技術的思想とはいえない野球におけるフォークボールの投球方法のような個人の技能
・デジタルカメラで撮影された画像データのような単なる情報の提示
などは、この「発明」の定義に該当せず、したがって特許法により保護を受けることはできない[1]。

1　特許庁編「特許・実用新案審査基準」(以下「審査基準」) 発明協会 (2004年) 第Ⅱ部第1章1.1。

このような問題に関しては、特に①コンピュータを動かすソフトウェア（プログラム）と、さらに②このソフトウェアに関連する発明として近年話題となっているビジネス方法に関連する発明が、この法上の発明に該当するかが問題になる。結論としては、これらについては、一定の条件を満たす場合は法上の発明に該当し、特許法の保護対象となりうる。以下、これらについて説明する。

①ソフトウェア

　ソフトウェアに関連する発明について、特許法の保護対象である「発明」に該当するかどうかは、そのソフトウェアによる情報処理が、ハードウェア資源を用いて具体的に実現されているかどうかによって判断される。

　より具体的には、図2－3に示すように、ソフトウェアがコンピュータに読み込まれることにより、ソフトウェアとハードウェア資源とが協働した具体的手段によって、使用目的に応じた情報の演算又は加工を実現することにより、使用目的に応じた特有の情報処理装置（機械）又はその動作方法が構築される場合に、発明として取り扱われることとなる[1]。

　つまり、特許請求の範囲の記載においては、コンピュータ上でソフトウェアが実現する機能を、単に羅列するだけでは特許を受けることはできず、具体的にハードウェア資源（例えばメモリや処理装置等）との協働関係を記載する必要がある。

---

[1] 「審査基準」第Ⅶ部第1章（本書資料1）2.2。なお、この審査基準ではソフトウェアについて記載するが、その冒頭において、ソフトウェアとは「コンピュータの動作に関するプログラムをいう。」と定義されている。

1．特許法の目的と保護対象

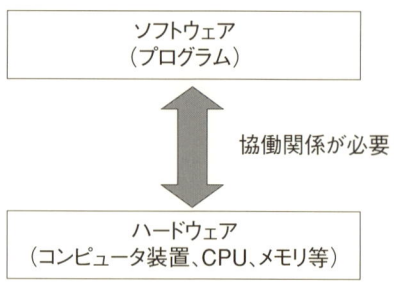

図2－3　ソフトウェア発明の成立要件

②ビジネス方法

　ビジネス方法に関する発明についての特許はビジネス方法特許、ビジネス方法関連特許、あるいはビジネスモデル特許等と呼ばれている。本書においては、ビジネス方法関連特許又はビジネス方法特許と呼ぶが、これは方法に関する発明に限る趣旨ではなく、発明の内容としては装置やシステム等の物の発明として特許されているものも多い。

　このビジネス方法特許は、一般に、ビジネスの方法、ビジネスのスキームなどのビジネスアイデアを、ソフトウェアを用いてコンピュータやネットワークを介して実現しているものと解されている。しかし、ビジネス方法特許とは何かについて正確な定義は存在しないために、上述のような種々の表現が存在している。

　ビジネス方法特許による保護を考える際に、最初に大きな問題になるのは、保護を求めるビジネスに関するアイデアが、そもそも特許の保護対象である「発明」に該当するか否か、ということである。「ビジネスを行う方法それ自体」は、特許法の保護対象である発明（自然法則を利用した技術的思想の創作）に該当しないとして、そもそも特許では保護されない。しかし、そのようなビジネス方法やビジネスモデルが、ソフトウェアによって実現され、そしてコンピュータやネットワーク等の情報

通信技術と結びつくことにより、ビジネスモデル特許として、特許の保護対象となりうると考えられる。すなわち、このような場合に図2－4に示すように、ビジネス方法と特許法の保護対象である発明の重複部分となり、いわゆるビジネス方法特許として保護されうることとなる。

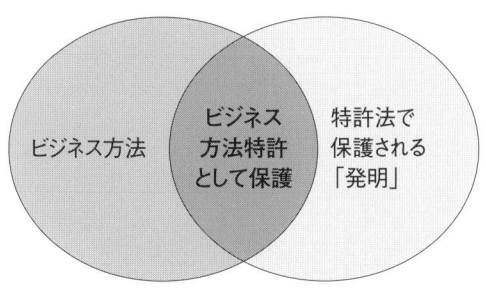

図2－4　　ビジネス方法特許の範囲

　よって、特許庁においても、このようなビジネス方法特許は、ソフトウェア発明に準ずるものと考えられている。したがって、前述の通りソフトウェアとハードウェア資源とが協働した具体的手段によって、使用目的に応じた情報の演算又は加工を実現することにより、使用目的に応じた特有の情報処理装置（機械）又はその動作方法が構築される場合に、ソフトウェア発明と同様に発明として取り扱われることとなる。より具体的に言えば、図2－5に示すように、ビジネス方法に関する発明が特許として保護されるための要件は、そのビジネス方法を実現するソフトウェア（プログラム）と、コンピュータ装置等のハードウェアの間に協働関係が必要となる。

1. 特許法の目的と保護対象

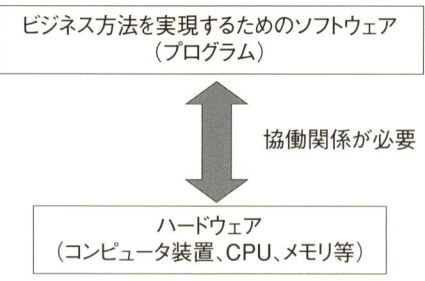

図2－5　ビジネス方法に関する発明の成立要件

1.2.2　「産業上利用できる」発明であること

さらに、特許法の法目的は、発明の保護・利用による産業の発達に寄与することにある（特1条）。したがって、産業の発達に寄与できないような発明は、特許法による保護を受けることはできない（特29条1項柱書）。

ここで、産業とは、工業や農業などのいわゆる生産業だけでなく、運輸業や金融業も含めた広い意味での産業を意味する。

産業上利用できない発明としては以下のものがあげられる[1]。

①人間を手術、治療、診断する方法

　主として人道的見地から特許権が認められていない。ただし、例えば脈拍等から人間を診断するプログラムやそのプログラムを有する診断装置のようなものは産業上の利用可能性があり、特許の対象となることができる。

②実際上、明らかに実施することのできないもの

　現実的に実施できないものは産業の発達に寄与することはできず特許として保護する価値がないからである。

1　審査基準　第Ⅱ部第1章2.1。

③商業的に利用できないもの

　個人的にのみ利用される発明や、学術的・実験的にのみ利用される発明も産業の発達に寄与することはできず保護する価値がないからである。

1.2.3 発明のカテゴリ

　発明には、「物の発明」と「方法の発明」という大きく2つのカテゴリがある。「物の発明」というのは、技術的思想が物の形として具現化されたもので、経時的要素がない発明である。「方法の発明」とは、経時的な発明であり、一定の目的に向けられた系列的に関連のある数個の行為又は現象によって成立するものであると考えられる[1]。方法の発明については、さらに物を生産する方法とそれ以外の方法（単純方法）とに分けられる。

　この発明のカテゴリは、発明の実施行為と密接に関連する。すなわち、発明が物か、物を生産する方法か、それ以外の方法かで、それぞれの実施行為が異なる（特2条3項）。実施行為の詳細は図2－6に示す通りである。なお、特許権の独占排他的効力は、ここに示される実施行為について及ぶこととなり、その意味で大変重要である。

1　中山信弘「工業所有権法　上　特許法（第2版増補版）」（以下「中山」）弘文堂（2000年）112－113頁。

1. 特許法の目的と保護対象

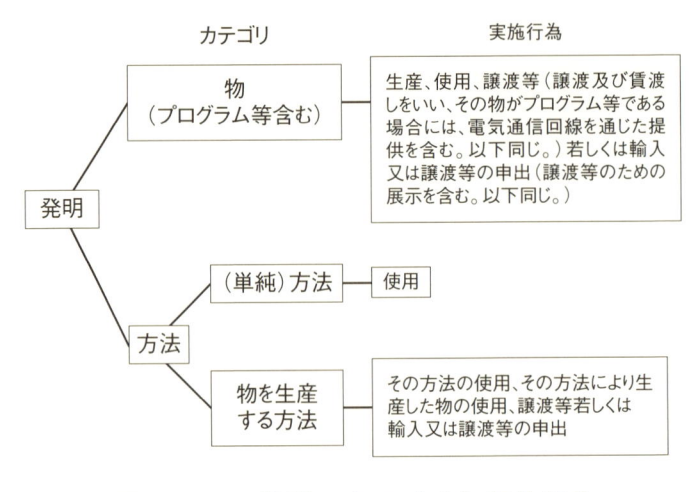

```
                カテゴリ                       実施行為

                  物              生産、使用、譲渡等（譲渡及び貸渡
               （プログラム等含む）    しをいい、その物がプログラム等である
                                  場合には、電気通信回線を通じた提
                                  供を含む。以下同じ。）若しくは輸入
     発明                           又は譲渡等の申出（譲渡等のための
                                  展示を含む。以下同じ。）

                （単純）方法 ―― 使用
           方法
                 物を生産           その方法の使用、その方法により生
                 する方法           産した物の使用、譲渡等若しくは
                                  輸入又は譲渡等の申出
```

図2－6　発明のカテゴリと実施行為

　例えば、コンピュータ装置、メモリ、キーボードの発明は物の発明である。一方、例えばコンピュータの製造方法、半導体の製造方法の発明は、物を生産する方法の発明である。また、コンピュータを制御する方法、メモリの効率的な利用方法に関する発明は、単純方法の発明である。さらに、プログラムは無体物であるが、特許法上は物であり、プログラムの発明は物の発明として取り扱われることとなった（特2条3項1号）。以下、この点に関して詳細に説明する。

1.3 特許法におけるプログラム
1.3.1 プログラムの定義

　平成14年特許法改正[1]により、「プログラム」の定義として以下の規定が設けられた（特2条4項）。

　「この法律で「プログラム等」とは、プログラム（電子計算機に対する

1　平成14年法律第24号（以下「平成14年（法）改正」等ともいう）。

指令であつて、一の結果を得ることができるように組み合わされたものをいう。以下この項において同じ。）その他電子計算機による処理の用に供する情報であつてプログラムに準ずるものをいう。」

本定義規定は、「プログラム」と「プログラムに準ずるもの」をあわせて「プログラム等」として規定されている。

まず、「プログラム」については、「電子計算機に対する指令であつて、一の結果を得ることができるように組み合わされたものをいう。」としている。かかるプログラムの定義は、"情報処理の促進に関する法律"におけるものと同じである[1]。プログラムの定義としては、法律上もっとも一般的なものであるが、その具体的範囲は、必ずしも明確ではないため、立法者も合目的的に柔軟に解釈されるべきとされている。

したがって、「プログラム」の語には拘泥せず、プログラムに関連して使用されるマクロ、ＡＰＩ（Application Programming Interface）、ライブラリなどを広く含むものと解されるべきである。これらマクロやＡＰＩ等によっても、いわゆるプログラムと同様に、電子計算機に対する指令であつて、一の結果を得ることができるように組み合わされたものであるといえるからである。なお、本定義規定およびその保護範囲は、著作権法における「プログラム」の定義（著2条1項10の2号）およびその保護範囲とは若干異なっている。

次に、「プログラムに準ずるもの」については、より具体的には「その他電子計算機による処理の用に供する情報であつてプログラムに準ずるもの」と規定されている。かかる規定に関しては、以下のように解されるものとされている。すなわち、この「プログラムに準ずるもの」は、コンピュータに対する直接の指令ではないためプログラムとは呼べないが、コンピュータの処理を規定するものという点で、プログラムに類似

---

[1] 昭和40年法律第90号、2条2項。

の性質を有するものをいう。また、「その他電子計算機による処理の用に供する情報」については、電子化などの手法により、直ちにコンピュータによる処理に用いることが可能な状態にされた情報を意味する。この規定に該当するものには、例えば特殊なデータ構造を有するデータのように、コンピュータに対する直接の指令ではないが、そのデータ自身が有する構造により、コンピュータによる処理内容が規定されるようなものが想定されている[1]。これらについて図示すれば図2-7のようになる。

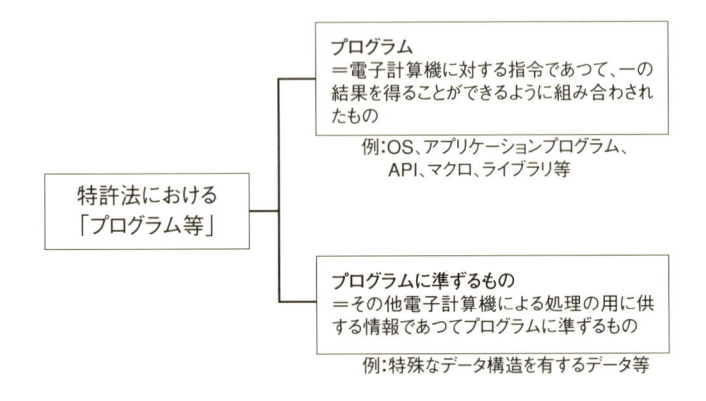

図2-7 特許法における「プログラム等」の内容

このように、特許法における「プログラム等」の定義は「等」までをも含むことにより、プログラムという概念に拘束されず、広くコンピュータの動作に関連するような情報一般に、その適用が可能であるものと解される。

1.3.2 「物」の発明にプログラムを含めることについて

この特許法改正により、物の発明にプログラムが含まれることが明確

---

[1] 特許庁総務部総務課制度改正審議室「平成14年改正産業財産権法の解説」(以下「解説」) 発明協会 (2002年)

となった（特2条3項1号）。プログラムが無体物であることは明らかであるので、これは、当時の民法の規定「本法ニ於テ物トハ有体物ヲ謂フ」（民法85条）とは異なることとなり[1]、民法の特則という位置づけにある特許法においては適切ではなく、新たにプログラム等に関する発明のカテゴリを作ったほうが好ましいのではないかとも考えられる。

しかし、従来から我が国特許法においては、発明のカテゴリは物と方法の2つに大きく分けられており、プログラムについて新たなカテゴリを設けることはこれまで例がなく、混乱を生ずる原因となりかねないとも考えられる。

また、プログラムの送信やASP型のネットワークを介してのプログラム等の提供行為も、ネットワークという手段を用いた新たな流通形態の一つに過ぎないとも考えられる[2]。したがって、それに対応した実施形態を規定上に設ければ、特段プログラム等の保護にかけるとも思えない。

一方、他法において、「物」の有体物性を緩和している判例として、例えば書体（タイプフェイス）が旧不正競争防止法1条1項1号の「商品」に含まれるとした判決[3]がある。かかる判決によれば、「無体物であっても、その経済的な価値が社会的に承認され、独立して取引の対象とされている場合には、それが不正競争防止法1条1項の規定する各不正競争行為の類型のいずれかに該当するものである以上（中略）これを前記の「商品」に該当しないとして、同法の適用を否定することは、同法の目的及び右「商品」の意義を解釈に委ねた趣旨を没却するものであって相当でないというべきである。」とされた。

よって、以上のような点や、今まで特許庁の運用においてプログラムを「物」の発明として取り扱ってきたこと等を加味すれば、プログラム

---

[1] 民法において、「有体物」とは「無体物」に対する概念で、空間の一部を占めるもののことである。これに対して、無体物とは、権利や自然力（電気・熱・光）のように、姿のないものをさす。（内田貴「民法Ⅰ　総則・物件総論〔第2版〕補訂版」東京大学出版会（2000年）343頁）
[2] 解説14頁。
[3] 東京高判平成5年12月24日モリサワタイプフェイス事件（判時1505号136頁）。

を「物」の発明として取り扱うことは適切なものと考えられる。

1.3.3 ソフトウェア発明の保護形態

　平成14年特許法改正により、プログラムそれ自体を発明として特許請求の範囲に記載した場合、物の発明として保護を受けることができることが法律上で明確となった。これにより、従来保護が困難または不可能として問題となっていた実施形態を特許権によりカバーすることが可能となり、その結果として特許法によるソフトウェアの保護範囲が大きく広がったと考えられる。

　しかし、この法改正前から、ソフトウェアについては、そこに具現化された技術的思想について方法や装置等の発明として特許請求の範囲に記載することにより、間接的に特許を取得し保護を受けることは可能であった。このような点を踏まえて、ソフトウェア発明の保護形態を図2－8に示した。

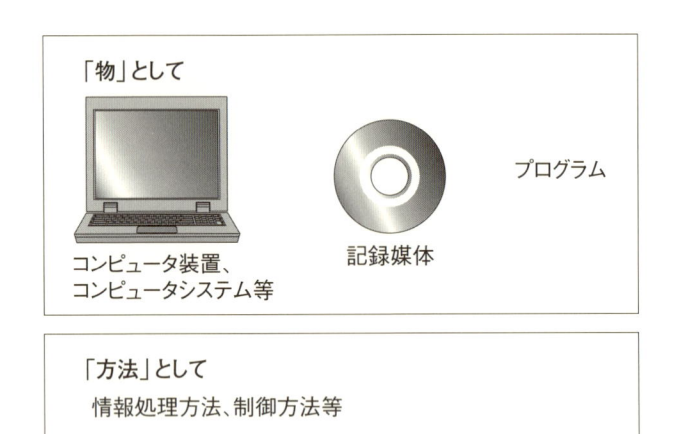

図2－8　ソフトウェア発明の保護形態

すなわち、ソフトウェア発明は、物の発明としては、プログラムそのものとして保護されるほか、そのプログラムを記録した記録媒体、さらにそのプログラムを実行するコンピュータ装置やコンピュータシステム等により保護を受けることが可能である。一方、方法の発明として、情報処理方法、コンピュータの制御方法といった形によって保護を受けることも可能である。どのような形態で保護を受けるかは、特許請求の範囲の記載で決まることとなる。

2．特許法による保護を受けるための要件

　発明が、特許法による保護を受けるためには、一定の要件を満たすことが必要である。具体的には、新規性があること、進歩性があること、明細書などの書面に発明が所定の形式・内容で記載されていること、などがある。以下、これらの要件のうち主要なものを説明する。

2．1 新規性があること
2．1．1 新規性とは

　特許法は、既に述べたように新規な発明をした者に、その発明内容を公開させて、重複研究や重複投資を防止する一方、その公開をした者には代償として独占排他権である特許権を付与し、技術の飛躍的進歩を図るとともに、わが国全体として産業の発達を促すというものである（特1条）。

　したがって、新規性のない発明は、特許として保護する価値がないので、そのような発明は特許を受けることができない（特29条1項各号）。特許法において「新規性のない発明」とは、具体的に図で示せば以下の図2-9の通りである。

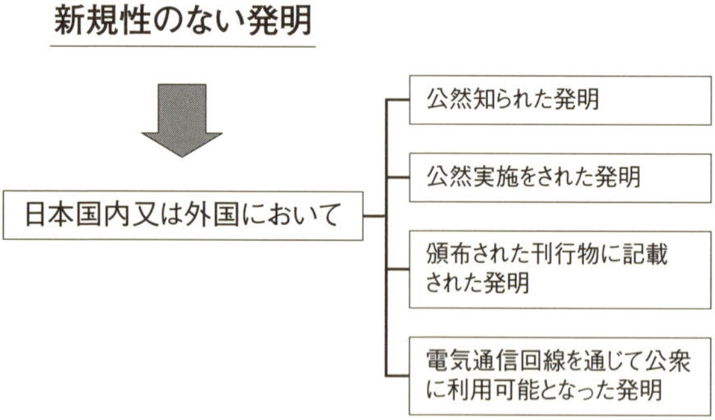

新規性のない発明

日本国内又は外国において
- 公然知られた発明
- 公然実施をされた発明
- 頒布された刊行物に記載された発明
- 電気通信回線を通じて公衆に利用可能となった発明

図2-9　新規性のない発明の内容

それぞれについて具体例をあげて説明すれば、以下の場合である。
- 特許出願前に展示会で発明の内容を発表した場合のように、日本国内又は外国において公然知られた発明
- 特許出願前にその発明にかかる製品の販売を開始した場合のように、日本国内又は外国において公然実施をされた発明
- 特許出願前に新聞やインターネット上の自分のホームページに掲載した場合のように、日本国内又は外国において頒布された刊行物に記載された発明又は電気通信回線を通じて公衆に利用可能となった発明

ここで「公然」とは、その発明を秘密にすべき関係のない人に知られた状態である。また、「特許出願前」というのは、現実の許庁への特許出願時点を基準として、それ以前のことであり、日のみでなく時分まで問題となる。

特許庁の審査においては、新規性を喪失した発明かどうかは、以下のように判断される[1]。

①公然知られた発明

「公然知られた発明」とは、不特定の者に秘密でないものとしてその内容が知られた発明を意味する。

守秘義務を負う者から秘密でないものとして他の者に知られた発明は「公然知られた発明」である。発明者又は出願人の秘密にする意思の有無は関係しない。

なお、学会誌などの原稿の場合、一般に、原稿が受付けられても不特定の者に知られる状態に置かれるものではないから、その原稿の内容が公表されるまでは、その原稿に記載された発明は公然知られた発明とはならないと考えられる。

---

[1] 「審査基準」第Ⅱ部第2章1.2より抜粋。

②公然実施をされた発明

　「公然実施をされた発明」とは、その内容が公然知られる状況又は公然知られるおそれのある状況で実施をされた発明を意味する。

　ここで、「公然知られる状況」とは、例えば、工場であるものの製造状況を不特定の者に見学させた場合において、その製造状況を見れば当業者がその発明の内容を容易に知ることができるような状況をいう。

　また、「公然知られるおそれのある状況」とは、例えば、工場であるものの製造状況を不特定の者に見学させた場合において、その製造状況を見た場合に製造工程の一部については装置の外部を見てもその内容を知ることができないものであり、しかも、その部分を知らなければその発明全体を知ることはできない状況で、見学者がその装置の内部を見ること、又は内部について工場の人に説明してもらうことが可能な状況（工場で拒否しない）をいう。

③頒布された刊行物に記載された発明

　「刊行物」とは、公衆に対し頒布により公開することを目的として複製された文書、図面その他これに類する情報伝達媒体をいう。

　「頒布」とは、上記のような刊行物が不特定の者が見得るような状態におかれることをいう。現実に誰かがその刊行物を見たという事実を必要としない。

　「刊行物に記載された発明」とは、刊行物に記載されている事項及び記載されているに等しい事項から把握される発明をいう。

　「記載されているに等しい事項」とは、記載されている事項から当該刊行物の頒布時における技術常識を参酌することにより導き出せるものをいう。ここで、技術常識とは、当業者に一般的に知られている技術（周知技術、慣用技術を含む）又は経験則から明らかな事項をいう。

④電気通信回線を通じて公衆に利用可能となった発明

　電気通信回線を通じて得られる技術情報（以下、「電子的技術情報」という）を刊行物と同様に先行技術として引用するためには、出願前において、引用する電子的技術情報がその内容のとおりに掲載されていたこと及び当該引用する電子的技術情報が公衆に利用可能な情報であったことが必要である。

　ここで「回線」とは、一般に往復の通信路で構成された、双方向に通信可能な伝送路を意味する。一方向にしか情報を送信できない放送（双方向からの通信を伝送するケーブルテレビ等は除く）は、回線に含まれない。また、「公衆」とは、社会一般の不特定の者を示す。さらに、「公衆に利用可能」とは、不特定の者が見得るような状態におかれることをさし、現実に誰かがアクセスしたという事実は必要としない。具体的には、インターネットにおいて、リンクが張られ、検索サーチエンジンに登録され、又はアドレス（ＵＲＬ）が公衆への情報伝達手段（例えば広く一般的に知られている新聞、雑誌等）にのっており、かつ公衆からのアクセス制限がなされていない場合には、公衆に利用可能である。

2.1.2 新規性喪失の例外

　新規性は特許制度の基本となる特許要件であるが、その規定をあまりに厳格に適用すると、学会発表等によって本来的に特許法の目的である新規な発明の公開をいち早く行って産業の発達に寄与した場合や、スパイなどによって意に反して新規性を喪失したような場合等にまで特許を受けることができない事態を生じてしまい望ましくない。

　そこで、特許法では一定の場合に限って新規性喪失の例外を認めることとしている（特30条）。具体的には、以下の発明についてその新規性を喪失する行為が行われた日から6月以内に出願された場合には、その行為

によってはその発明の新規性は喪失しなかったものとみなすという例外的な取り扱いが認められる。

①特許を受ける権利を有する者が試験を行い、刊行物に発表し、電気通信回線を通じて発表し、又は特許庁長官が指定する学術団体が開催する研究集会において文書をもつて発表することにより、新規性を喪失するに至った発明（特30条1項）。なお、ここで「試験」とは発明完成後における発明の技術的効果の試験のみをいい、試験的販売や宣伝効果を狙っての公開試験は含まれない。

②特許を受ける権利を有する者の意に反して新規性を喪失するに至った発明（特30条2項）。「意に反する」とは脅迫、詐欺またはスパイなどによる場合や、発明者の不注意による場合が考えられる。

③特許を受ける権利を有する者が以下の博覧会に出品することにより、新規性を喪失するに至った発明（特30条3項）。
i) 政府若しくは地方公共団体（以下「政府等」という。）が開設する博覧会若しくは政府等以外の者が開設する博覧会であって特許庁長官が指定するもの
ii) パリ条約の同盟国若しくは世界貿易機関の加盟国の領域内でその政府等若しくはその許可を受けた者が開設する国際的な博覧会
iii) パリ条約の同盟国若しくは世界貿易機関の加盟国のいずれにも該当しない国の領域内でその政府等若しくはその許可を受けた者が開設する国際的な博覧会であって特許庁長官が指定するもの

2.2 進歩性があること
2.2.1 進歩性とは何か

　特許法は産業の発達を目的とするものであるが（特1条）、通常の技術者が容易に発明をすることができたようなものについてまで特許権を付与することは、技術進歩に役立たないばかりでなく、却ってその妨げになり、特許法の目的である産業の発達にも寄与しないと考えられる。

　よって、そのような発明を特許付与の対象から排除するために、特許出願前にその発明の属する技術の分野における通常の知識を有する者（当業者）が新規性を喪失した発明（特29条1項）に基いて容易に発明をすることができたときは、その発明については、特許を受けることができない、とする進歩性の規定が設けられた（特29条2項）。この進歩性は新規性と並び重要な特許要件の1つである。

　この新規性と進歩性について、より詳細に説明する。今、ある公開された発明があった場合に、その発明と同一の発明については新規性がないものとして特許を受けることができない。これに対して、その公開された発明から当業者が容易に考えることができる発明は進歩性がないものとして特許を受けることができない。よって、新規性は進歩性よりもより広い範囲に適用されることとなる。これら新規性と進歩性の関係を図に示せば図2－10のようになる。

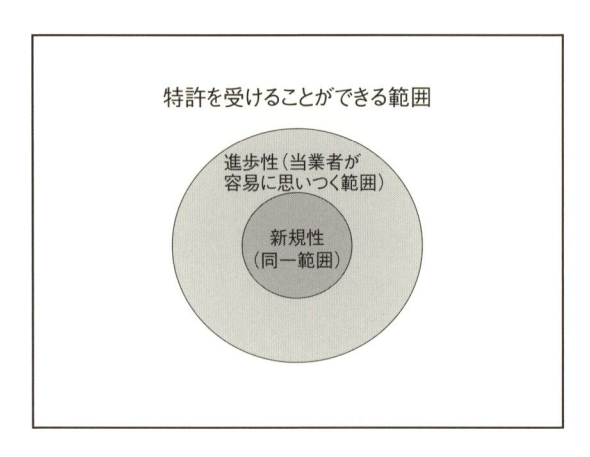

2. 特許法による保護を受けるための要件

図2－10　新規性と進歩性の関係

2.2.2 進歩性の審査基準

　この進歩性については、特許庁の審査においては以下のように判断される[1]。なお、ここで「本願発明」というのは審査の対象となっている出願に係る発明のことであり、「引用発明」というのはその特許出願前に公開等がされた発明であって本願発明の進歩性を否定する根拠となる発明のことである。

①まず、当業者とは、本願発明の属する技術分野の出願時の技術常識を有し、研究、開発のための通常の技術的手段を用いることができ、材料の選択や設計変更などの通常の創作能力を発揮でき、かつ、本願発明の属する技術分野の出願時の技術水準にあるもの全てを自らの知識とすることができる者、を想定したものである。

②進歩性の判断は、本願発明の属する技術分野における出願時の技術水

---
[1] 「審査基準」第Ⅱ部第2章2.4より抜粋。

準を的確に把握した上で、当業者であればどのようにするかを常に考慮して、引用発明に基づいて当業者が請求項に係る発明に容易に想到できたことの論理づけができるか否かにより行う。

③具体的には、本願発明及び引用発明（一又は複数）を認定した後、論理づけに最も適した一の引用発明を選び、本願発明と引用発明を対比して、それぞれの一致点・相違点を明らかにした上で、この引用発明や他の引用発明（周知・慣用技術も含む）の内容及び技術常識から、本願発明に対して進歩性の存在を否定し得る論理の構築を試みる。

④論理づけは、種々の観点、広範な観点から行うことが可能である。例えば、本願発明が、引用発明からの最適材料の選択あるいは設計変更や単なる寄せ集めに該当するかどうか検討したり、あるいは、引用発明の内容に動機づけとなり得るものがあるかどうかを検討する。また、引用発明と比較した有利な効果が明細書等の記載から明確に把握される場合には、進歩性の存在を肯定的に推認するのに役立つ事実として、これを参酌する。その結果、論理づけができた場合は請求項に係る発明の進歩性は否定され、論理づけができない場合は進歩性は否定されない。

⑤動機づけとなり得るものとしては、技術分野の関連性、課題の共通性、作用・機能の共通性、引用発明の内容中の示唆等がある。

2.2.3 ソフトウェア発明についての考慮事項

進歩性の判断において、ソフトウェアに関する発明に特有の考慮すべき点として、以下のものがある[1]。

---

1 「審査基準」第Ⅶ部第1章2.3より抜粋。

2. 特許法による保護を受けるための要件

- 特定分野に関するソフトウェア関連発明における当業者は、その特定分野に関する技術常識や一般常識（顕著な事実を含む）と、コンピュータ技術分野の技術常識（例えばシステム化技術）を有することが前提となる。
- 当業者の通常の創作能力の発揮に当たる例として、ある特定分野に関する発明の他の特定分野への適用、ハードウェアで行っている機能のソフトウェア化、人間が行っている業務のシステム化、公知の事象をコンピュータ仮想空間上で再現すること、公知の事実又は慣習に基く設計上の変更がある。

また、ビジネス方法に関して特許を受けうる発明は、ビジネス方法をITで実現したものと考えられるが、この場合、進歩性は実現しようとするアイデア（ビジネス方法）に求められるのか、そのベースとなるIT技術に求められるかが問題となる。

この点に関しては、まず人間によって実施されていたことが公知である業務プロセスを、良く知られた方法によって自動化しただけでは、特許とならない[1]。しかし、その他の場合については、以下のように考えられる[2]。すなわち、次に示す表2-1で「△」が付されている全てのケースにおいて、進歩性が認められる可能性がある。

		実現しようとするアイデア（ビジネス方法）	
		公知である	公知でない
ITによる具体化方法	公知である	×	△
	公知でない	△	△

表2-1　進歩性判断におけるビジネス方法とITの関係

---

[1] 2000年6月の日米欧三極特許庁専門家会合による。
[2] 特許庁HP「ビジネス方法の特許に関するQ＆A」
(http://www.jpo.go.jp/toiawase/faq/tt1210-037_qanda_a.htm#No,10)

ただし、ここで重要なことは、「進歩性」を判断するに当たっては、その「発明」を全体としてとらえることである。

このため、例えば、あるビジネス上のアイデアを実現するためのシステム化技術自体は公知の技術の組合せであったとしても、全体として「進歩性」が認められる可能性は否定できない。すなわち、「～というビジネス方法に関してのアイデアを・・・というITを用いて実現すること」が、全体としてみて、「当業者」であっても容易に思いつかないようなものであれば、部分的に公知のものが含まれていたとしても、「進歩性」が認められ得る。

こうした「発明」を全体としてみて進歩性を判断するという考え方は、ソフトウェア関連発明（ビジネス関連発明）以外の分野においても基本的に同様であり、また、欧州における運用（「技術的貢献」の有無の判断）においても採用されている考え方である。

2.3 その他の特許を受けるための要件
2.3.1 先願であること

特許権は独占排他権である以上、重複する特許（ダブルパテント）の存在は許されない。この重複特許を排除する為の考え方として、特許庁への出願の先後に基づき判断する考え方（先願主義）と発明の先後に基づき判断する考え方（先発明主義）とがある。

我が国においては、先後の判断の容易なことや先に開示の意思を示したことを考慮して先願主義を採用している（特39条）。

この先願主義によれば、同一の発明について異なった日に二以上の特許出願があつたときは、最先の特許出願人のみがその発明について特許を受けることができることとなる（特39条1項）。

また、特許出願と実用新案登録出願は、互いの審査においてそれぞれ他の出願を調査するいわゆるクロスサーチを行っており、両者は先後願

関係が成立する。よって、特許出願に係る発明と実用新案登録出願に係る考案とが同一である場合において、その特許出願及び実用新案登録出願が異なつた日にされたものであるときは、特許出願人は、実用新案登録出願人より先に出願をした場合にのみその発明について特許を受けることができる（特39条3項）。

　同一の発明について同日に二以上の特許出願があつた場合は、特許出願人の協議により定めた一の特許出願人のみがその発明について特許を受けることができる（特39条2項）。この協議が成立せず、又は協議をすることができないときは、いずれも、その発明について特許を受けることができない（同条4項）。

　また、特許出願が放棄され、取り下げ等がなされたときは、先願の地位は遡及的に消滅する（特39条5項）。ただし、協議不成立や協議不能の場合は、先願の地位は残る（同項但書）。

　なお、発明者又は考案者でない者であって特許を受ける権利又は実用新案登録を受ける権利を承継しないものがした特許出願又は実用新案登録出願は、先願の地位を有さない（特39条6項）。このような出願を「冒認出願」とよんでいる。

2.3.2 拡大された先願の地位

　特許出願の内容は原則として出願から1年6月後にその内容が出願公開される（特64条）。出願公開後は、その特許出願の明細書等に記載された内容については新規性を喪失することとなるので、例え明細書のみに記載された発明であっても、出願公開後の他の出願は特許を受けることはできなくなる。

　また、先願主義（特39条）の適用により、出願公開にかかわらず、特許された出願の特許請求の範囲に記載された発明と同一の発明であって、その特許出願後になされたものは後願であるとして特許を受けることは

できない。

よって、例えばある特許出願の明細書にのみ記載された発明は、特許出願後から出願公開までの間に他者がその発明について特許出願した場合、出願後すぐにその明細書の内容を公開等していない場合は、新規性も喪失しておらず、また明細書のみに記載された発明については先願主義の適用もなく、これらの規定だけでは他人が同一の発明について特許を受けられる可能性があることとなる。

しかし、特許制度は新規発明の公開の代償として独占権を付与するものであり、先願の明細書等に記載されている発明以外に何ら新しい発明を開示しない者に、あらためて独占権を付与することは矛盾である。

そこで、特許要件の1つとしていわゆる拡大された先願の地位（特29条の2）が規定されている。すなわち、特許出願に係る発明が、当該特許出願の日前の他の特許出願等であって、当該特許出願後に特許公報の発行若しくは出願公開等がされたものの願書に最初に添付した明細書、特許請求の範囲又は図面等に記載された発明等と同一であるときは、その発明については特許を受けることができない（特29条の2）。

ただし、両者の出願の発明者又は出願人が同一の場合はかかる規定の適用はない（特29条の2かっこ書き、但書）。また、本規定は先後願関係の成立する実用新案登録出願に対しても適用がある。

2.3.3 特許を受けられない発明

公の秩序、善良の風俗（いわゆる公序良俗）又は公衆の衛生を害するおそれがある発明については、例え新規性や進歩性を有する発明であっても、公益的な見地から特許を受けることができない（特32条）。

例えば公序良俗に反する発明としては、紙幣偽造機械、金塊密輸用チョッキ等が挙げられる。また、公衆の衛生を害するおそれがある発明としての例としては、体に害の有るセルロイドを用いた玩具等が挙げられ

る。

2.4 発明者の権利
2.4.1 特許を受ける権利

　特許法においては、発明は事実行為であると考えられており、発明者として自然人しか認められておらず、会社等の法人が発明者となることは認められていない。すなわち、発明の完成により「特許を受ける権利」とよばれる権利が発生するが、この権利は原始的にその発明をなした自然人である発明者に属することとなる。

　しかし、多くの場合、特許公報を見ると特許出願人は会社等になっている。これは一般に会社等においては、社員が職務でなした発明について、会社等が承継し、その会社等が出願人となって特許出願を行うためである。このような制度は、職務発明制度と呼ばれているが、最近その対価の支払いについて裁判事件が頻発し、社会的関心を集めている。

2.4.2 職務発明制度
（1）概要

　青色発光ダイオードに関する日亜化学と中村氏の訴訟[1]等が引き金となって、最近話題となることが多い職務発明であるが、特許法においては「職務発明」とは、「従業者、法人の役員、国家公務員又は地方公務員（以下「従業者等」という。）がその性質上当該使用者等の業務範囲に属し、かつ、その発明をするに至った行為がその使用者等における従業者等の現在又は過去の職務に属する発明」であるとしている（特35条1項）。

　ここで、「使用者等」とは、使用者、法人、国又は地方公共団体のことをいう。また、職務とは、従業者等が会社からの指示で、会社の業務の

---

[1] 青色発光ダイオード事件（東京地判平成16年1月30日平成13年（ワ）第17772号特許権持分確認等請求事件（最高裁判所ホームページ））、なお本事件はその控訴審（東京高等裁判所）において和解が成立した。

一部を行うことをいい、例えば化学薬品の研究者が趣味で自動車の部品の発明をした場合などは、過去にもそのような職務を行っていなければ「職務」には属さず、職務発明には該当しないこととなる。

この職務発明の場合に限り、あらかじめ使用者等に特許を受ける権利若しくは特許権を承継させ又は使用者等のため専用実施権を設定することを契約、勤務規則等に規定することが可能であり、これを「予約承継」とよんでいる。

そして、このような職務発明に該当する場合については、使用者等には、無償で通常実施権が認められるが（特35条1項）、使用者等が特許を受ける権利を承継等した場合には、従業者等は相当の対価の支払いを受けることができるとされている（特35条3項）。

（2）相当の対価

最近の裁判で争われているのは、この「相当の対価」がどのような算定基準でいくらになるかということである。

この「相当の対価」については、平成16年特許法改正により、契約、勤務規則その他の定めにおいて定める場合には、対価を決定するための基準の策定に際して使用者等と従業者等との間で行われる協議の状況、策定された当該基準の開示の状況、対価の額の算定について行われる従業者等からの意見の聴取の状況等を考慮して、その定めたところにより対価を支払うことが不合理と認められるものであってはならないとされた（特35条4項）。

さらに、この「相当の対価」について契約等の定めがない場合や、その定めたところにより対価を支払うことが不合理と認められるような場合には、この対価の額は、その発明により使用者等が受けるべき利益の額、その発明に関連して使用者等が行う負担、貢献及び従業者等の処遇その他の事情を考慮して定めなければならないとされた（特35条5項）。

結局、この法改正によっても具体的な算定基準は示されておらず、またどのような場合が「不合理」とされるか等も条文からは不明であり、これらの判断のためには判例の蓄積を待つしかない状況である。[1]

(3) 業務発明と職務発明

従業者等が行う発明は、全て職務発明となるわけではない。一般に使用者の業務範囲に属する発明であって職務発明を除くものは業務発明という。たとえば、社員の職務が電子部品に関するものである場合に、現在又は過去の職務範囲外のスポーツ器具の発明をなした場合であって、それが会社の業務範囲に該当する場合、その発明は業務発明に該当する。

また、使用者等の業務範囲に属しない発明は自由発明という。たとえば、ある会社の自動車の運転手が、その職務とその会社の業務に何ら関連性のない発明をした場合は、その発明は自由発明に該当し、その運転手個人に帰属することとなる。

これらの業務発明や自由発明については、予約承継は認められないが、就業規則などにより使用者等への報告義務を課している場合もある。

(4) 他の知的財産法における取り扱い

以上は特許法の話であり、実用新案法や意匠法においても特許法の規定が準用されていて、特許法と同様に職務考案や職務意匠というものが考えられる。

一方、プログラマやシステムエンジニアは、職務でプログラムを作成することがあり、このソフトウェアは著作権法でも保護されうる。しかし、著作権法においては、この職務発明制度に類似するような制度は設けられておらず、かわりに法人著作制度設けられており、職務上作成さ

---

[1] 特許庁は「新職務発明制度における手続き事例集」を発行し（平成16年9月）、立法者の立場からある程度具体的な指針を示している。

れたプログラムの著作者は原則として法人等となり（著15条2項）、従業者には特許法のような対価請求権は認められていない。

3．特許法による保護を受けるための手続

3．1 書類の作成

　特許制度は、新規な発明を公開した代償として独占排他権たる特許権を付与する制度である。従って、まずは新規な発明を公開する必要があり、発明内容の特定と審査などの処理を考慮して、文章によって発明を表現して、その内容を所定の書類に記載して提出（出願）することが要求されている（これを「書面主義」または「方式主義」と呼ぶことがある。）。

　この出願に必要な書類には願書と、それに添付する必須の書面として、明細書、特許請求の範囲、要約書があり、さらに必要に応じて図面を添付しなければならない（特36条1項、2項）。それらに記載する内容は図2－11の通りである。[1]

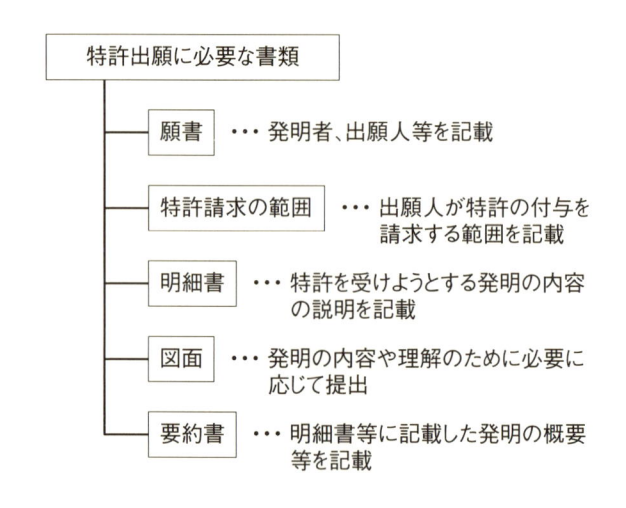

```
特許出願に必要な書類
├─ 願書       … 発明者、出願人等を記載
├─ 特許請求の範囲 … 出願人が特許の付与を
│                   請求する範囲を記載
├─ 明細書     … 特許を受けようとする発明の内容
│               の説明を記載
├─ 図面       … 発明の内容や理解のために必要に
│               応じて提出
└─ 要約書     … 明細書等に記載した発明の概要
                等を記載
```

図2－11　特許出願に必要な書類と記載内容

1　各書面の書式については特許法施行規則第23条～第25条の3に規定されている。

以下、これらの書面とその記載内容について、より詳細に説明する。

3.1.1 願書

　特許出願を行うための書面のうち、必須のものとして、まず願書がある。願書は、その特許を受けようとする発明者や、その特許出願をしようとする者を特定するために必要な書面であり、書類名は「特許願」とされている。この願書は、特許庁長官を名宛人として、特許出願人の氏名又は名称及び住所又は居所及び発明者の氏名及び住所又は居所を記載する（特36条1項）。

　願書の記載例は以下の通りである。

```
【書類名】　　　特許願
【整理番号】
（【提出日】平成　　年　　月　　日）
【あて先】特許庁長官　　　　　殿
（【国際特許分類】）
【発明者】
　　　　　【住所又は居所】
　　　　　【氏名】
【特許出願人】
　　　　　【識別番号】
　　　　　【住所又は居所】
　　　　　【氏名又は名称】
　　　　　（【代表者】　　　印 又は 識別ラベル
　　　　　（【国籍】）
　　　　　（【電話番号】）
【提出物件の目録】
　　【物件名】特許請求の範囲　　　1
　　【物件名】明細書　　　　　　　1
　（【物件名】図面　　　　　　　　1）
　　【物件名】要約書　　　　　　　1
```

3.1.2 特許請求の範囲

①特許請求の範囲の記載要件

　特許請求の範囲は、出願時においては特許出願人が特許の付与を請求する範囲を特定する書面である。また、特許後においては、権利範囲を特定するものとなる。記載の仕方により権利範囲が広くなったり、狭まったりする可能性があり、その記載はきわめて重要である。

　特許請求の範囲は文章で記載する必要があり、請求項に区分して、請求項ごとに特許出願人が特許を受けようとする発明を特定するために必要と認める事項のすべてを記載しなければならない（特36条5項）。さらに、特許請求の範囲の記載については、特許を受けようとする発明が発明の詳細な説明に記載したものであることが必要である。また、特許を受けようとする発明が明確であること、請求項ごとの記載が簡潔であること等が要求されている（特36条6項）[1]。

　具体的には、特許請求の範囲は請求項に区分して記載し、特許を受けようとする発明を複数記載する場合には、【請求項1】、【請求項2】のように請求項の語句の後に連続した番号を添えて欄を設ける。請求項が一つであっても【請求項1】と記載する。

　なお、二以上の発明については、特定の技術的関係を有することにより発明の単一性の要件を満たす一群の発明に該当するときは、一の願書で特許出願することができ、これを発明の単一性とよんでいる（特37条）。

　特許請求の範囲の書類の記載例は以下の通りである。

---

[1] プログラム関連発明における発明が明確でない例は、「審査基準」第Ⅶ部第1章1.1.3参照。

```
【書類名】 特許請求の範囲
【請求項1】
・・・
【請求項2】
・・・
【請求項3】
・・・
```

②ソフトウェア関連発明の場合の留意点

　特にソフトウェア関連発明の場合、ソフトウェアとハードウェアの協働関係があることが、発明成立の前提となるので、記憶装置におけるデータの記録・読み出し等や、処理装置における処理の内容等を、ハードウェアと結びつけて発明の内容を特許請求の範囲に記載することが必要である。

　また、ソフトウェア関連発明においては、特許請求の範囲に記載の各構成について、例えば「記憶する手段」、「演算する手段」のように「機能＋手段」形式（means plus function）で記載される場合も多い。この場合、その記載内容が不明確とされないように、明細書においてその機能手段に対応する構成を具体的に説明しておく必要がある。

　さらに、ソフトウェア関連発明の一種であるビジネス方法に関する発明の特許請求の範囲の作成の具体例については、以下の3．1．5で説明する。

3．1．3 明細書

①明細書の役割

　　特許を受けようとする発明の内容を説明するために必要な書面である。新規発明の公開の代償として特許を付与する以上、その発明の内

容はある程度詳細に説明されている必要がある。しかし、記載形式をまったくの自由とすると、適切な開示が行われない可能性や、不十分な開示を招く可能性もある。

そこで、明細書の記載形式は、発明の名称、図面の簡単な説明及び発明の詳細な説明を記載しなければならないと法定されている（特36条3項）。

②明細書の具体的な記載方法

明細書における発明の詳細な説明については、その発明の属する技術の分野における通常の知識を有する者（いわゆる「当業者」）がその実施をすることができる程度に明確かつ十分に記載したものでなければならない（特36条4項1号）。これを「実施可能要件」とよぶこともある[1]。

さらに、かかる記載は、発明が解決しようとする課題及びその解決手段その他のその発明の属する技術の分野における通常の知識を有する者が、発明の技術上の意義を理解するために必要な事項を記載することによりしなければならない（特施規24条の2）。これを「委任省令要件」とよぶこともある。

また、その発明に関連する文献公知発明（特29条1項3号に掲げる発明）のうち、特許を受けようとする者が特許出願の時に知っているものがあるときは、その文献公知発明が記載された刊行物の名称その他のその文献公知発明に関する情報の所在を記載する必要がある。

明細書の記載例は以下の通りである。

---

[1] プログラム関連発明における実施可能要件違反の例は、巻末資料の「審査基準」第Ⅶ部第1章1.2.1.1参照。

【書類名】　明細書
【発明の名称】
【技術分野】
　　　【０００１】
【背景技術】
　　　【０００２】
【発明の開示】
【発明が解決しようとする課題】
　　　【０００３】
【課題を解決するための手段】
　　　【・・・・】
【発明の効果】
　　　【・・・・】
【発明を実施するための最良の形態】
　　　【・・・・】
【実施例】
　　　【・・・・】
【・・・・】
【産業上の利用可能性】
　　　【・・・・】
【図面の簡単な説明】
　　　【・・・・】
【図１】
【図２】
【符号の説明】
　　　【・・・・】
　　１
　　２
　　３

③ソフトウェア関連発明の場合の留意点

　特にソフトウェア関連発明の場合、特許請求の範囲に記載された内容について、ソフトウェアとハードウェアの協働関係があるかどうかが、具体的に明細書の記載において説明されている必要がある。このために、次に述べるように、フローチャート図や機能ブロック図等を用いて、ハードウェアとソフトウェアとのデータのやり取りや処理内容などを具体的に説明する必要がある。

3.1.4 図面、要約書

①図面

　図面は必須の書面ではなく、発明の内容に応じて図面により説明することが可能である場合や、より理解が容易になるような場合に願書に添付して提出することが可能である。なお、実用新案法においては図面は必須の提出書面である（実5条2項）。

　ソフトウェア発明においては、図面の作成について以下の点に留意する必要がある。まず、その発明を実施するためのソフトウェア（プログラム）のフローチャート図を記載する必要がある。ただし、このフローチャート図は、データの入力や計算処理などのある程度の機能の単位ごとに記載すれば十分であり、発明の内容にもよるが、プログラミング直前までの詳細なフローチャート図までは通常は要求されない。以下の図2－12はフローチャート図の例である。

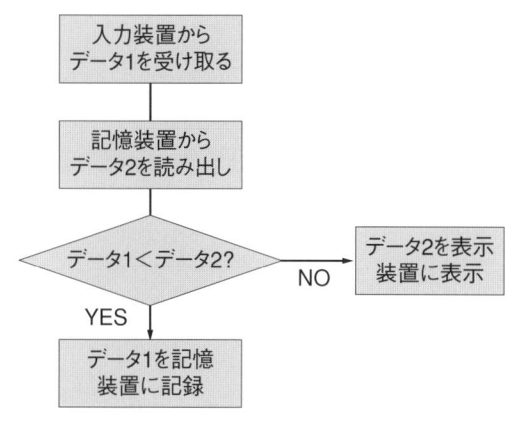

図2－12　フローチャート図の例

　さらに、そのある程度の機能単位、又はフローチャート図におけるある程度の一連の処理を一つの単位として、機能ブロック図という形で図面を書くことが多い。これは、ソフトウェア発明を物（コンピュータ装置等）の発明として請求項に記載する場合、その請求項をサポートするものとして重要になる。例えば、前記の図2－12に示したフローチャート図に対応する機能ブロック図を例示すれば、以下の図2－13のようになる。

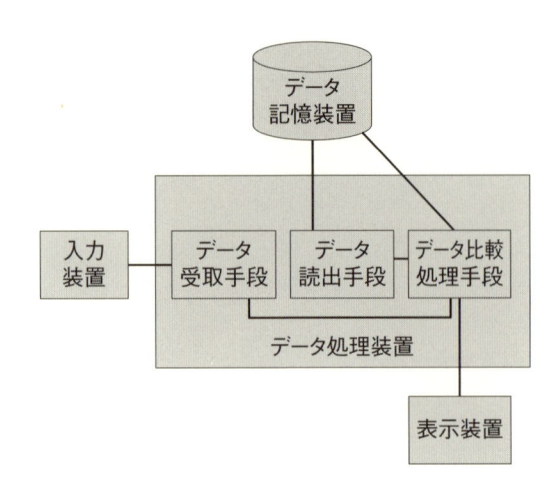

図2−13　機能ブロック図の例

　また、業務処理用のアプリケーションプログラムやビジネス方法発明の場合、これらの他に画面の図を記載することも有意義である。さらに、ソフトウェアの処理に応じた画面の一連の遷移の様子を図面に表すことも非常に有意義である。特に、その画面や画面遷移に技術的特徴が現れる場合、それを特許請求の範囲に記載することは、他者の侵害が容易に発見可能となることからきわめて重要である。

②要約書
　　要約書には、明細書、特許請求の範囲又は図面に記載した発明の概要等を記載しなければならない（特36条7項）。なお、原則として、要約書には発明が解決しようとする課題、その解決手段等を平易かつ明瞭に記載し、文字数は400字以内とすることとされている。
　　要約書の作成例は以下の通りである。

```
【書類名】　　要約書
【要約】
【課題】
　　・・・
【解決手段】
　　・・・
【選択図】
```

3.1.5 ソフトウェア発明とその特許請求の範囲の記載例

　以下、ソフトウェアについての発明として、特にビジネス方法についての発明について、発明の例と、カテゴリによる特許請求の範囲の記載例を示す[1]。なお、いずれの例も単に特許法上の「発明」に該当するとされる場合の例を示すものであり、新規性・進歩性については一切考慮しておらず、このまま特許される訳ではない。

［事例の内容］

　本発明が解決しようとする課題は、在庫管理責任者の経験に頼らず、一定の予測結果を短時間で得ることができる売上げ予測システムを提供することにある。

　図2－14は、本発明の売上げ予測装置のシステム構成図であり、図2－15は該装置により実行される処理のフローである。

1　「審査基準」第Ⅶ部第1章3.2.1事例2－3。なお特許請求の範囲の記載（ⅲ）は筆者による。

3．特許法による保護を受けるための手続

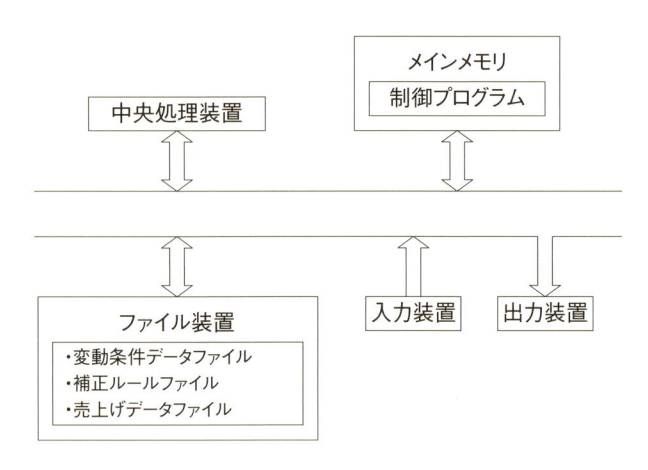

```
         ┌──────────┐      ┌──────────┐
         │中央処理装置│      │メインメモリ│
         │          │      │制御プログラム│
         └────┬─────┘      └─────┬────┘
              ↕                   ↕
   ───────────┼───────────────────┼──────────
              ↕           ↕       ↕
      ┌──────────────┐  ┌────┐ ┌────┐
      │ファイル装置    │  │入力装置│ │出力装置│
      │・変動条件データファイル│  └────┘ └────┘
      │・補正ルールファイル│
      │・売上げデータファイル│
      └──────────────┘
```

図2－14　売上げ予測装置のシステム構成図

```
┌─────────────────────────┐
│売上げを予測しようとする日を入力     │
└──────────┬──────────────┘
           ↓
┌─────────────────────────┐
│売上げデータファイルから過去数週間の予測日と│
│同じ曜日の売上げ実績データを読み出し平均して│
│第1の予測値を決定                │
└──────────┬──────────────┘
           ↓
┌─────────────────────────┐
│変動条件データファイルから商品の売上げを予測│
│しようとする日の変動条件データを読み出し、該変動条│
│件データに基づき補正ルールファイルに記録された│
│補正ルールの中から適用すべき補正ルールを選択│
└──────────┬──────────────┘
           ↓
┌─────────────────────────┐
│適用すべき補正ルールに基づき第1の予測値を補│
│正して第2の予測値を決定             │
└──────────┬──────────────┘
           ↓
┌─────────────────────────┐
│第2の予測値を最終的な予測値として出力    │
└─────────────────────────┘
```

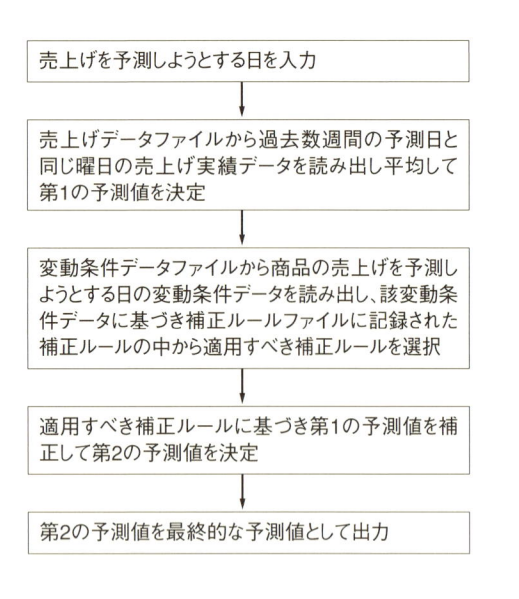

図2－15　処理のフロー図

まず、キーボードなどの入力装置から売上げを予測しようとする日が入力される。

ここで、売上げデータファイルには予め過去の売上げ実績が日付と曜日に対応して記録されている。

中央処理装置は、メインメモリ中の制御プログラムの指令を受け、売上げデータファイルから過去数週間の予測しようとする日と同じ曜日のデータを読み出し、該過去数週間のデータの平均を算出する。算出された値は第1の予測値として使用される。なお、経験的に過去3～4週間のデータの平均を用いると好ましい結果が得られることが知られている。

次いで、中央処理装置は、メインメモリ中の制御プログラムの指令を受け、変動条件データファイルから商品の売上げを予測しようとする日の変動条件データ（例えば天気予報から得られた予測しようとする日の降雨確率）を読み出し、該変動条件データに基づき補正ルールファイルに予め記録された補正ルールの中から適用すべき補正ルールを読み出す。

（注．補正ルールとは、例えば「午前・午後とも雨の日は売上げが3割減る」といったもの。実施例には補正ルールをどのように定めるかが詳述されているとする。）

更に、中央処理装置は、メインメモリ中の制御プログラムの指令を受け、上記変動条件データに応じた補正ルールに基づいて第1の予測値を補正して第2の予測値を決定する。

第2の予測値は最終的な予測値としてプリンタなどの出力装置から出力される。

このような実施の形態を有する発明についての特許請求の範囲の記載は、以下の例が考えられる。

3．特許法による保護を受けるための手続

(i) 装置（物）の発明についての例

【請求項1】
　種々の商品の売上げを予測する装置であって、
　売上げを予測しようとする日を入力する手段、
　予め過去の売上げ実績データを記録しておく売上げデータ記録手段、
　予め変動条件データを記録しておく変動条件データ記録手段、
　予め補正ルールを記録しておく補正ルール記録手段、
　過去数週間の予測しようとする日と同じ曜日の売上げ実績データを売上げデータ記録手段から読み出し平均して第1の予測値を得る手段、
　変動条件データ記録手段から商品の売上げを予測しようとする日の変動条件データを読み出し、該変動条件データに基づき補正ルール記録手段に記録された補正ルールの中から適用すべき補正ルールを選択する手段、
　適用すべき補正ルールに基づき第1の予測値を補正して第2の予測値を得る手段、及び
　第2の予測値を出力する手段、
からなる商品の売上げ予測装置。

(ii) プログラム（物）の発明についての例

【請求項2】
　種々の商品の売上げを予測するためにコンピュータを、
　売上げを予測しようとする日を入力する手段、
　予め過去の売上げ実績データを記録しておく売上げデータ記録手段、

予め変動条件データを記録しておく変動条件データ記録手段、

予め補正ルールを記録しておく補正ルール記録手段、

過去数週間の予測しようとする日と同じ曜日の売上げ実績データを売上げデータ記録手段から読み出し平均して第1の予測値を得る手段、

変動条件データ記録手段から商品の売上げを予測しようとする日の変動条件データを読み出し、該変動条件データに基づき補正ルール記録手段に記録された補正ルールの中から適用すべき補正ルールを選択する手段、

適用すべき補正ルールに基づき第1の予測値を補正して第2の予測値を得る手段、及び

第2の予測値を出力する手段、

として機能させるための商品の売上げ予測プログラム。

(ⅲ) 方法の発明についての例

【請求項3】

入力手段と、予め過去の売上げ実績データを記録しておく売上げデータ記録手段と、予め変動条件データを記録しておく変動条件データ記録手段、予め補正ルールを記録しておく補正ルール記録手段と、を有する装置における種々の商品の売上げを予測する方法であって、

第1の予測手段により、入力手段により入力された売上げを予測しようとする日と同じ曜日の過去数週間の売上げ実績データを売上げデータ記録手段から読み出し平均して第1の予測値を得るステップと、

選択手段により、変動条件データ記録手段から商品の売上げを予測しようとする日の変動条件データを読み出し、該変動条件データに基づき補正ルール記録手段に記録された補正ルールの中から適用すべき補正ルールを選択するステップと、

第2の予測手段により、適用すべき補正ルールに基づき第1の予測

3．特許法による保護を受けるための手続

> 値を補正して第2の予測値を得るステップと、及び
> 　出力手段に第2の予測値を出力するステップと、
> からなる商品の売上げ予測方法。

3．2 特許庁における手続
3．2．1 出願公開と補償金請求権
　特許出願は、原則としてその出願日から1年6月後に審査の有無に関わらずに一律にその内容が公開される（特64条）。この制度を出願公開といい、このとき発行される公報を公開特許公報という。

　このような制度を設けたのは、特許制度は新規発明を公表することを目的とするので、出願内容を公表する必要がある。しかし、審査の遅延等によって、その時期があまりに遅くなると重複研究・重複投資などの事態を招くこととなり望ましくない。そこで、出願日から一定期間経過後に一律にその内容を公開することとしたものである。

　特許出願人は、出願公開があった後に特許出願に係る発明の内容を記載した書面を提示して警告をしたときは、その警告後特許権の設定の登録前に業としてその発明を実施した者に対し、その発明が特許発明である場合にその実施に対し受けるべき金銭の額に相当する額の補償金の支払を請求することができる（特65条1項）。これを補償金請求権という。この警告をしない場合においても、出願公開がされた特許出願に係る発明であることを知つて特許権の設定の登録前に業としてその発明を実施した者に対しては、同様に補償金を請求できる。ただし、この補償金請求権は、特許権の設定の登録があつた後でなければ、行使することができない（同条2項）。

3．2．2 出願審査請求
　特許出願について特許庁の審査官による審査を受けるためには、審査

請求をする必要がある。この出願審査請求は、何人もその出願日から3年以内であれば請求をすることができる（特48条の2）。審査請求をするためには、出願料とは別に審査請求料を支払う必要がある。なお、この出願審査の請求は、取り下げることができない。また、出願日から3年以内に出願審査の請求がなかったときは、この特許出願は、取り下げたものとみなされるので注意が必要である（特48条の3）。

3.2.3 優先審査、早期審査

　審査は通常審査請求から2年程度を要している。しかし、事情により特許化を急ぐ場合のために以下の制度がある。

　優先審査は、出願公開後に特許出願人でない者が業として特許出願に係る発明を実施していると認める場合に、所定の手続をすることにより、その特許出願が他の特許出願に優先して審査を受けうる制度である（特48条の6）。

　これに対して、以下のいずれかに該当する特許出願は早期審査の対象となり、所定の手続をすることにより、早期に審査を受けることができる。[1]

①出願人自身又は出願人からその出願に係る発明について実施許諾を受けた者が、その発明を実施している特許出願であるもの。

②出願人がその発明について、日本国特許庁以外の特許庁又は政府間機関へも出願している特許出願、又は、国際出願している特許出願であるもの。

③その発明の出願人の全部又は一部が、大学・短期大学、公的研究機関、又は承認若しくは認定を受けた技術移転機関（承認ＴＬＯ又は認定ＴＬＯ）であるもの。

---

[1] 特許庁「早期審査・審理ガイドライン」平成16年
(http://www.jpo.go.jp/torikumi/t_torikumi/souki/v3souki.htm)

④その発明の出願人の全部又は一部が、中小企業又は個人であるもの。

3.2.4 国内優先権制度

　最初の出願から1年以内であれば、先の出願に基いて新たな改良発明や実施例を追加等して、まとめて1つの出願として優先権を主張して特許出願を行うことができる（特41条）。これを国内優先権制度という。この制度を利用することによって、先の出願に記載してあった事項については、先の出願日を基準として新規性等の審査が行われる。

3.3 拒絶理由通知とそれに対する応答
3.3.1 拒絶理由通知

　特許法は、真に法目的である産業の発達に寄与する発明のみを保護すべく、審査主義を採用する。そして、審査官は、特許出願が所定の拒絶理由のいずれかに該当するときは、出願人に意見を述べる機会を与えた上で、その特許出願について拒絶をすべき旨の査定をしなければならないとされている（特49条、50条）。

　実際に特許出願について審査請求を行うと、多くの場合は「拒絶理由通知」が審査官から通知される（特50条）。この「拒絶理由通知」は、審査官の審査を終わるという意味ではなく、審査官としてはこの通知に記載したような拒絶理由を発見したが、これについて出願人はどのように考えるか意見を述べる機会を与える、という趣旨である。

　ここで、拒絶理由としては、進歩性違反（特29条2項）、明細書や特許請求の範囲の記載不備（特36条4項、6項）があげられていることが多い。この審査官の拒絶理由は限定されており（特49条）、その限定された理由以外の理由による拒絶は認められない。

　この審査官によって拒絶理由の有無を審査することを実体審査と言う。この実体審査によって、拒絶理由が発見できないとされた場合に、その

特許出願については特許査定がなされる。これに対して、拒絶理由を通知しても、出願人がそれに対して応答しなかったり、あるいは意見書などによる応答を行ったが、拒絶理由が解消しない場合は、拒絶査定となる。

特許査定を受けた場合は、登録料を納付することにより、特許権の設定登録がなされ、特許権が発生する。

これらの出願から査定までの手続を図にまとめると、以下の図2－16に示すようになる。

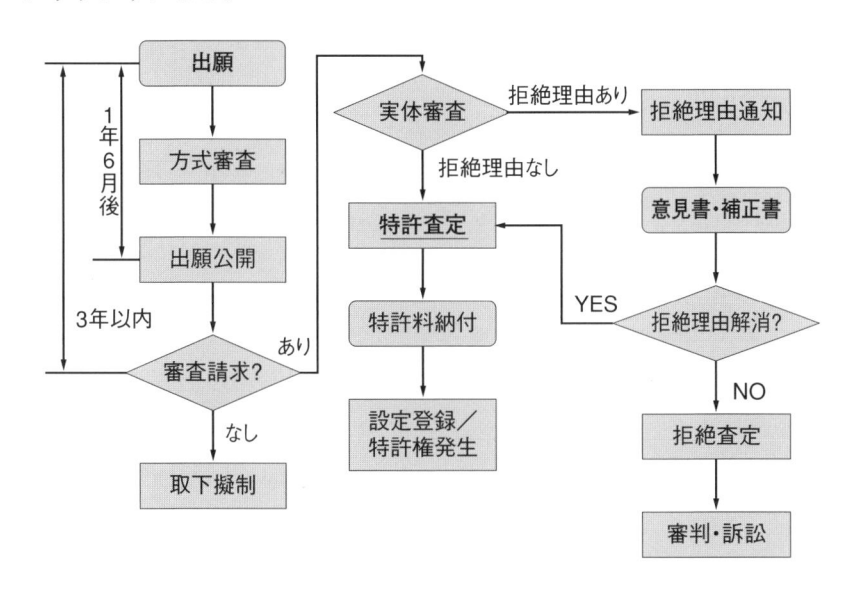

図2－16　出願から特許権発生までの手続きの流れ

3.3.2 意見書・補正書

審査官からの拒絶理由通知に対しては、基本的には意見書及び補正書によって対応することとなる。意見書においては、例えば引用文献との差異について審査官の拒絶理由通知に示された見解に対して反論を行ったり、あるいは審査官に出願した発明の内容に誤解があるような場合に

その誤解を解くために説明を行う。

　また、補正書によって、明細書や特許請求の範囲等に記載不備の点がある場合に、その不備を是正するような補正を行ったり、先行技術から進歩性がないとされた場合に、その差異を明確とするような補正を行ったりすることができる。

　ただし、補正については、その出願当初の明細書等に記載した事項の範囲で行う必要があり、いわゆる新規事項の追加は認められていない（特17条の2第3項）。また、2回目以後の拒絶理由通知がなされる場合に「最後の拒絶理由通知」とされた場合は、さらに特許請求の範囲の記載について補正の制限が厳しくなる（特17条の2第4項）。

　なお、拒絶理由通知がなされた場合や、拒絶査定とされた場合には、必要に応じて出願を分割したり（特44条）、実用新案登録出願や意匠登録出願に変更することも可能である（実10条、意13条）。

3.3.3 参考事例

　拒絶理由通知とそれに対する応答について、一つの事例をここに挙げる。これは現在三井住友銀行で「パーフェクト」と呼ばれているサービス[1]に関連する特許[2]の審査経過である。いわゆるビジネス方法関連特許として有名な特許である。

①発明の概要

　　この発明は、振込対象の口座番号で支払人を特定することができるシステムを提供することを目的とするものである。その解決手段は、以下の通りである。まず、振り込まれた口座番号が振込専用の口座番

---

[1] 三井住友銀行ホームページ
http://www.smbc.co.jp/hojin/eb/perfect/
[2] 特許第3029421号（特開2000-082101号）。以下の本発明の説明及び図面等はこれらの公報及び関連書類から抜粋したもの。

号であるかを、テーブル検索で調べる。テーブル検索の結果、振込専用の口座ではない場合（図2－17のS302でNO）は、通常の元帳入金処理を行う（S308）。振込専用の口座番号であるときは、被振込口座番号や関連情報を所定箇所に付加する（S304）。被振込口座番号は正当口座番号に変える（S306）。通常の元帳入金処理が行われ（S308）、正当口座に対して処理が行われる。この後に、入金された企業に対して、還元帳表（S314）や、ＥＢサービスにおいては電子情報（S312）で振込通知を行う。このとき、支払人ごとの振込専用の口座番号や関連情報が所定箇所に付与されて通知される。振込専用口座を設定した企業では、支払人をこの振込に使用した口座番号により特定することができる。

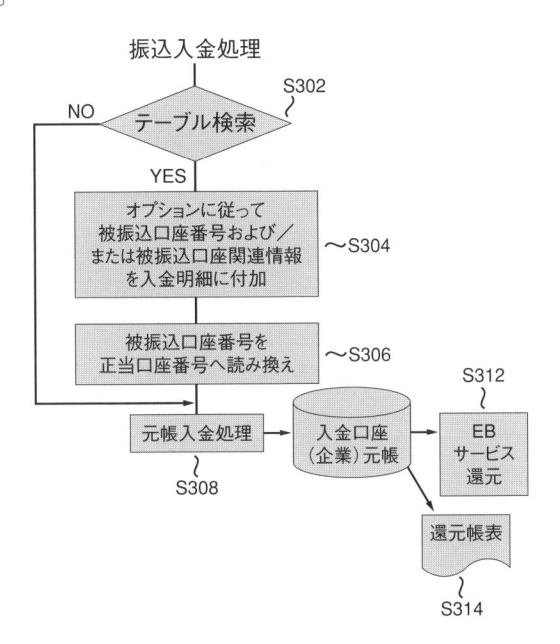

図2－17　本発明のフロー図

3．特許法による保護を受けるための手続

　本願特許請求の範囲の請求項1に記載の内容は以下の通りである（出願時から補正なし）。

> 【請求項1】　銀行システムにおける、支払人と関連づけられた複数の関連口座を用いて振込を行う振込処理システムであって、
> 　前記複数の関連口座に振り込まれた資金を、取りまとめるための特定口座に入金処理を行う手段と、
> 　前記関連口座への振込情報を、支払人と関連付けられた関連口座の口座関連情報および／または前記関連口座を特定する番号を付加して、出力する出力手段と、
> 　出力された前記振込情報を前記特定口座の振込情報として格納する手段と
> を備えることを特徴とする振込処理システム。

②絶理由通知の概要（進歩性違反（特29条第2項））

　引用文献1記載の「消費者の請求者との口座」（以下、「Ｃ－Ｂ口座」という）は、請求者がＣ－Ｂ口座番号を使用して請求者の記録中で消費者を一意に識別するものであって（特に、第13頁9～15行）、消費者から請求者へ前記Ｃ－Ｂ口座を介して資金を移すものである（特に、第43頁14行～第46頁7行）。したがって、前記Ｃ－Ｂ口座は、本願請求項1に係る発明の「関連口座」に対応するものと認められる。また、引用文献1記載の「Ａ／Ｒデータ・ファイル」は、Ｃ－Ｂ口座番号及び個別の支払額を含むものであり、請求者に提示されるものである（特に、第33頁6～21行）から、本願請求項1に係る発明において、関連口座への振込情報を出力，格納する手段に対応するものである。よって、本願発明はこの引用文献1の記載から当業者が容易に発明することができたものである。

③引用文献の内容

引用文献1（特表平9－5043634）において、そのポイントとなる部分は、公報第13頁9～15行に記載された「消費者の請求者との口座をＣ－Ｂ（「消費者－請求者」）口座と呼び、それによってこの取引を他の口座、すなわち、消費者の銀行との口座、請求者の銀行との口座などと区別する。大部分のケースでは、請求者はＣ－Ｂ口座番号を使用して請求者の記録中で消費者を一意に識別する」という部分である。

④意見書の内容

意見書のポイントと思われる部分には「双方のシステム構成を比較すると分るように本発明では複数の関連口座に入金された資金を特定の口座に入金する点が従来技術にはない大きな相違点です。本願発明では、銀行側で複数の関連口座に振り込まれた資金を１つの特定の口座に取りまとめするので、資金の管理が容易となります。また、振り込み情報の中の口座番号等により支払人を特定することができるので、支払人に負担を課することなく、確実に支払人を特定することができます。これに対して従来技術では、関連口座（振込み口座）が複数のままで資金が管理されるので、資金の管理が容易ではありません。このように本願発明は、従来にはない格別の効果を奏します。加えて、振り込まれた複数の関連口座の資金を１つの特定の口座に振り込むという着想は上記引用例には何も記載されておらず、示唆すらもありません。」と記載されている。

⑤審査結果

上記の意見書が通り、意見書提出時に補正書は提出されていなかったため、本願は出願時の特許請求の範囲のまま特許された。

3.4 拒絶査定不服審判・訴訟

3.4.1 拒絶査定

　審査官は、特許出願について実体審査を行い、その出願が拒絶理由に該当する場合、拒絶査定するかどうかの自由裁量はない。したがって、審査官は拒絶理由を発見した場合、拒絶理由通知を行った上で、なお拒絶理由が解消しない場合は、必ず拒絶査定をしなければならない。

3.4.2 拒絶査定不服審判

　拒絶をすべき旨の査定を受けた者は、その査定に不服があるときは、その査定の謄本の送達があつた日から原則として30日以内に拒絶査定不服審判を請求することができる（特121条1項）。

　特許出願人は、拒絶査定不服審判を請求する場合において、その審判の請求の日から30日以内であれば、明細書等の補正をすることができる（特17条の2第1項4号）。この場合の補正の制限は最後の拒絶理由通知に対する制限と同じである（特17条の2第3項ないし5項）。

　なお、拒絶査定不服審判において、拒絶査定が覆るものの大部分が拒絶査定後に明細書等に補正があったことによるものであるという実情があったため、この補正があつたときは、特許庁長官は審査官にその請求を審査させなければならないこととし、事件の簡易迅速な処理を図ることとした（特162条）。この制度を前置審査制度と呼んでいる。

3.4.3 審決取消訴訟

　拒絶査定不服審判において請求が棄却される審決とされたような場合に、その審決に不服がある場合は、東京高等裁判所に審決取消訴訟を提起できる（特178条1項）。わが国では司法手続きは三審級を原則とするが、特許庁における審判が準司法手続きにより厳正に行われる点等を考慮して、一審級を省略して、東京高等裁判所を専属管轄としたものである。

以上の拒絶査定後の手続の流れをまとめると、図2－18に示す通りである。

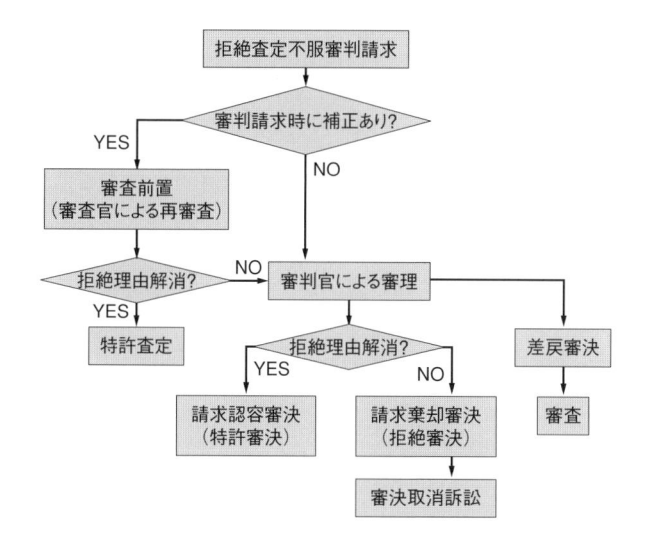

図2－18　拒絶査定後の手続

3.5　公開特許公報と特許公報

　前に述べた通り、原則として出願日から1年6月後に出願公開がなされ、このとき発行される公報を<u>公開特許公報</u>という。

　これに対して、特許査定後に1年分から3年分までの特許料が納付され、特許権の設定登録がなされると、特許登録原簿によって公示されるとともに、広く公衆に特許権の内容を知らしめるために必要な事項を記載した<u>特許公報</u>が発行される（特66条3項）。

　特許公報は、出願公開時の公開特許公報（特64条2項）とは異なり、審査を受けた結果として最終的に特許が認められた内容について記載されているものである。したがって、特許権の効力範囲を検討するような場合には、公開特許公報ではなく、必ず特許公報に基づいて判断する必要がある。

4．特許法により受けられる保護の内容

4.1 特許権による保護の内容
4.1.1 特許権とは

　特許権者は、業として特許発明の実施をする権利を専有すると規定されている（特68条）。つまり、特許権者は、特許を受けた発明（すなわち特許請求の範囲に記載された発明）について、業として独占的に実施をすることができ、かつ他人を排除することが可能である。

　ここで、「業として」とは事業としてということであり、家庭的な実施を含まないということである。

　また、発明の「実施」とは、特許権の効力の及ぶ行為である（特2条3項）。つまり、特許を受けた発明について、この実施行為を業として行うことは特許権者のみが独占し他人を排除することが可能である。この「実施」とは、すでに説明したとおりであり、具体的には以下の行為である。まず、物の発明については、その物の生産、使用、譲渡等（譲渡及び貸渡しをいい、その物がプログラム等である場合には、電気通信回線を通じた提供を含む。以下同じ。）若しくは輸入又は譲渡等の申出（譲渡等のための展示を含む。以下同じ。）をする行為をいう。また、単純方法の発明については、その方法の使用をする行為をいう。さらに、物を生産する方法の発明については、その方法の使用をする行為のほか、その方法により生産した物の使用、譲渡等若しくは輸入又は譲渡等の申出をする行為をいう。

4.1.2 特許権の範囲

　特許を受けた発明は技術的思想であり、その内容は具体的には特許請求の範囲の各請求項に記載されている。したがって、この特許発明の技術的範囲は、特許請求の範囲の記載に基づいて定めなければならないと

されている（特70条）。

　したがって、たとえ「発明の名称」が同じであっても、「特許請求の範囲」が異なればその権利は及ばない。また、たとえ明細書に記載されていても、特許請求の範囲に記載されていなければ、やはりその権利は及ばないこととなる。

　特許請求の範囲の記載に基づいて権利範囲を判断する場合、その各請求項において構成要素として記載されたものすべてが対象物に含まれている場合に限り、その対象物がその特許の権利範囲に含まれるものと判断される。具体的に言えば、ある特許の請求項の記載が「AとBとCを含むコンピュータ装置。」（A, B, Cは構成要素）とされている場合、「AとBのみを含むコンピュータ装置。」は構成要素Cを含まないのでその特許の権利範囲には含まれないが、「AとBとCとDを含むコンピュータ装置。」はA, B, C全ての構成要素を含むのでその特許の権利範囲に含まれることとなる。なお、この構成要素のことを発明特定事項とよぶこともある。

　このことからわかるように、特許の権利範囲を広くするためには、特許請求の範囲の記載には十分な注意を払って、余計な（限定的な）構成要素を付加しないようにしなければならない。

4.2 特許権の侵害
4.2.1 侵害とは

　特許権の侵害とは、権原なき第三者の業としての特許発明の実施のことである。このような侵害行為に対して、特許権者は差止請求権（特100条）を行使でき、また損害賠償請求（民709条）等を請求することができる。

　ここで、「権原なき第三者」というのは、実施権（いわゆるライセンス）等の正当な権利を有さない第三者ということである。また、「業として」とは事業としてということである。つまり、特許権により特許権者は業として特許発明の「実施」をする権利を専有する一方、権原なき第三者

の事業としての特許発明の「実施」という行為が規制される。よって、特許権者にとっても、また第三者にとっても、この「実施」がいかなる行為であるか、が極めて重要になる。そのため、法は発明を大きく「物」と「方法」のカテゴリに分けて、それぞれの実施行為を規定している(特2条3項)。

4.2.2 プログラムの実施行為
①プログラムと物の発明

　平成14年法改正においては、既に述べた通りプログラムについて定義を設けるともに、その実施行為について以下の規定を設けた（特2条3項1号）。

　『物（プログラム等を含む。以下同じ。）の発明にあつては、その物の生産、使用、譲渡等（譲渡及び貸渡しをいい、その物がプログラム等である場合には、電気通信回線を通じた提供を含む。以下同じ。）若しくは輸入又は譲渡等の申出（譲渡等のための展示を含む。以下同じ。）をする行為』

　このような規定の改正の趣旨は以下の通りである[1]。すなわち、当時の民法では「本法ニ於テ物トハ有体物ヲ謂フ」（民85条）と規定されていることもあり、現行法の解釈のみで、特許法における「物」にプログラム等の情報財を含めることに対する懸念を指摘する意見もあった。このため、プログラム等の情報財が特許法における「物」に含まれることを、立法上の措置による明確化することが求められていた。また、ネットワークを通じたプログラム等の送信や、ネットワークを通じた

1　解説8-9頁。

ＡＳＰ（Application Service Provider）型のサービスにおいては、送信者やサービス提供者の手元にも元のプログラム等が残るという有体物にはない性質がある。このため改正前の特許法第2条3項の規定における「譲渡」、「貸渡し」といった、権利、財産などの移転を前提とした用語のままでは、このような性質を持った新しい流通、サービス形態が物の発明に含まれるのか明確でないとして立法上の明確化を図るべきとの指摘がなされていた。そこで、このような規定を設けたものである。

本規定により、まず特許法上の「物」にプログラム等が含まれることが明確となった。さらに、譲渡等についての括弧書きにおいて「譲渡及び貸渡しをいい、その物がプログラム等である場合には、電気通信回線を通じた提供を含む。」とすることにより、ネットワークを通じたプログラム等の提供が発明の実施に含まれることが明確となった。

②プログラムの実施行為の詳細な検討

以上の通り、平成14年法改正により、「プログラム等」の定義、及びその実施について規定が設けられたことにより、「プログラム等」の保護対象及び保護範囲はある程度明確化されたものといえる。しかし、本規定は未だ施行されてから日が浅く判例の蓄積もなく、その規定の射程自体は必ずしも明確でない部分もある。したがって、法律的にも実務的にも今後の運用が注目されるものである。

以下では、このような状況下で、今まで述べてきた改正により設けられた規定とその趣旨を踏まえつつ、法律的及び実務的に問題となる点挙げ、検討することとする。すなわち、特許法2条3項1号においては、物の発明の実施について、生産、使用、譲渡等若しくは輸入又は譲渡等の申出を規定することから、ここでは、特にプログラムを物とした場合、いかなる行為がこれらの実施行為に該当するのか等について検

4．特許法により受けられる保護の内容

討する。

(a) プログラムの生産

本規定にいう「生産」とは、一般に「製造」といわれるもので、物を作り出す行為を指し、工業的生産物の生産及び組み立て、構築等も含まれるとされている[1]。

プログラムについてこの「生産」を考えると、2つの場合があると考えられる。すなわち、まず典型的には、プログラマが実際にソースコードを打ち込んで、それをコンパイルし、実行可能なオブジェクトコードを生成し、最終的には記録媒体に記録する行為（以下「開発行為」という）を行うことである。そしてもうひとつは、プログラムのコピーを行い、記録媒体に記録する行為（以下「複製行為」という）である。なお、いずれも、記録媒体に記録する行為までが、「生産」に含まれるかが問題となりうるが、プログラムを保存するためにはいずれ記録媒体に記録することは必要であるので、一体の行為として把握すべきであろう。

プログラム以外の物の発明と比較すれば、開発行為がこの「生産」に該当する行為であることは疑いがないと考えられるが、複製行為については、プログラム以外の物の発明には一般的にこのような行為は存在しないので、必ずしも明らかではない。すなわち、プログラム以外の「物」の発明を生産して模倣する場合、結局のところ開発（一般には製造）行為を伴うので、必然的に開発行為にそのような行為が含まれる。しかし、プログラムは開発とはまったく異なる方法で、ソースコードを必要とせず単に実行可能コードのみを簡単に複製することが可能なため、開発行為と複製行為はまったく異なることとなる。

---

1 中山313頁、吉藤幸朔著、熊谷健一補訂「特許法概説〔第13版〕」有斐閣（2001年）（以下「吉藤」という）433頁。

しかし、上述の通り本規定にいう「生産」は物を作り出す行為である以上、たとえそれが複製行為であってもプログラムという物を作り出す行為に他ならない。また、プログラムは一度開発すれば、後は複製行為を行うのみとなるので、このような複製行為を特許発明の実施として特許件の効力範囲に含めないと、複製行為を業として行う者への差し止め請求（特100条1項）や損害賠償請求（民709条）等の権利行使が困難となり、プログラムを特許発明として保護を行う実効が図れないことは明らかである。

よって、プログラムの発明については、かかる「生産」には複製行為をも含むと考えられる。

(b) プログラムの使用[1]

本規定にいう「使用」とは、物の発明の本来の目的を達成し又は作用効果を奏するよう使用することである[2]。

したがって、プログラムを実際にコンピュータで実行する行為がこの「使用」に該当する行為であると考えるのが自然であろう。例えばサーバにあるプログラムを、ネットワークを通じてクライアントが使用する場合、プログラムを使用するのはあくまでクライアントであるので、当該クライアントの行為のみが「使用」に該当すると考えられる。

一方、このように単にハードディスク等の記録媒体にプログラムを記録するだけでは、単なる所持であり、かかる使用には該当しないと考えられる。しかし、例えばASP型サービスを提供するプロバイダーがサービスを提供するためにサーバにプログラムを保持（記憶）しているような場合は、侵害の恐れがあるとして差し止め（特100条1項）

---

[1] 著作権法上では、著作物の使用自体は原則として自由である。
[2] 吉藤433頁。

を受ける可能性があると考えられる。一般に所持自体は実施概念に含まれないが、特に販売目的が明白な所持については、この恐れがある可能性が高いと考えられ[1]、同様にプログラムを電気通信回線を通じて提供することを目的として保持(記憶)する場合もそのプログラムを提供する目的が明白であれば、侵害の恐れがある可能性が高いと考えられるからである。

(c) プログラムの譲渡等

本規定にいう「譲渡等」とは、「譲渡及び貸渡しをいい、その物がプログラム等である場合には、電気通信回線を通じた提供を含む。」と規定されている。ここで、「譲渡」とは、特許製品の所有権の移転を指し、有償であるか無償であるかは問わない。「貸渡し」とは貸与のことであり、有償であると無償であると問わない[2]。

「電気通信回線を通じた提供」は、プログラム等の発明についてのみ規定された実施行為である。本規定の趣旨は、以下の通りである[3]。すなわち、改正前の「譲渡、貸渡し」という規定であっても、プログラム等を記録媒体を介さずに提供する行為は包含されると整理されていたところ、本改正は特に双方向のネットワークを通じた提供行為が含まれることを明確にするものである。よって「電気通信回線」は有線か無線かを問わないが、放送網は含まれず、放送については一方向のネットワークであるところから、従来どおり「譲渡、貸渡し」に含まれると解されるとされる。また、プログラム等を実際に使用者に送って(ダウンロードさせて)利用させることも、プログラム等を提供者の手元に残したまま利用させること(機能提供型のASP)も可能であり、いずれの場合もプログラム等の「電気通信回線を通じた提供」に

---

1 中山316頁。
2 中山313頁、315頁。
3 解説16-17頁。

含まれるとされる。

本規定は、目的制限を設けていないため、「提供」は広く考えることが可能であり、改正前に議論があったプログラムのサービスを含めた提供形態について、「譲渡、貸渡し」も含めて広く解することにより、ほとんどの部分が特許権の保護範囲に含まれることとなると考えられる。

(d) プログラムの輸入

「輸入」とは、外国にある貨物を国内に搬入する行為をいう[1]。

プログラムについて考えると、海外にあるサーバから、特許発明にかかるプログラムについてダウンロードを行う行為をこの「輸入」といえるか、という問題が考えられるが、「輸入」の一般的概念からしてこのような行為を「輸入」に含めることは困難であろう。

しかしながら、記録媒体に記録したプログラムについてその記録媒体を海外から国内に搬入する場合は明らかに「輸入」に該当することとなり、これとの均衡を考えれば上記のダウンロードの場合も「輸入」に該当するとしても良いのではないかと考えられる。ただし、税関を通さない以上、没収等による保護は不可能であり、このような場合の保護の実効を図ることはかなり困難であろう[2]。

(e) プログラムの譲渡等の申出

本規定の「譲渡等の申出」には譲渡等のための展示も含まれ、カタログやパンフレットなどの配布や勧誘も含まれる[3]。

したがって、例えばASP型のサービスプロバイダーが提供可能なプ

---

[1] 中山314頁。
[2] 関税定率法第21条第1項第9号では、輸入禁制品として特許権等を侵害する物品が挙げられており、同法第21条第2項により、これらのものについて税関長は没収等をすることが可能である。
[3] 中山314頁。

ログラムを提示するような行為もかかる「譲渡等の申出」に該当するものと考えられる。

(f) 物を生産する方法におけるプログラム等の取り扱い

今回の法改正により、物を生産する方法（特2条3項3号）における「物」にもプログラム等が含まれることとなった。

従って、例えばプログラムの自動作成方法の発明が特許を受けている場合、その方法により作成されたプログラムの販売は、その方法により生産した「物」の「譲渡等」として、当該特許発明の実施に該当するとされている[1]。

このように解すると、例えばあるコンパイラにかかる発明について、「プログラムを生産する方法」として特許を取得した場合、その発明の含まれるコンパイラを使用してコンパイルされたプログラムについては本規定の適用を受けることとなることから、広範囲にこのような特許権の効力が及ぶことも考えられる。

4.2.3 侵害かどうかの判断

事業として生産や販売等を行っている（あるいは行おうとしている）ある製品に関して、その製品に非常に近い（似ている）と思われる他人の特許権を発見した場合、その特許権の侵害に該当するかどうかについては、以下の点を検討して判断すべきである。なお、ここでは事業に関する製品について検討するが、自分で作成した個人的に使用しているプログラム（例えば家計管理用のプログラム）のようなものであって、個人的・家庭的に使用している場合は、「業として」すなわち事業としての実施には該当しないものと考えられるので、特許権侵害の対象とはなら

---

[1] 解説16頁。

ない。
　まず、検討する流れを図に示せば、以下の図2－19の通りであり、この図の流れに従って、説明をしていく。

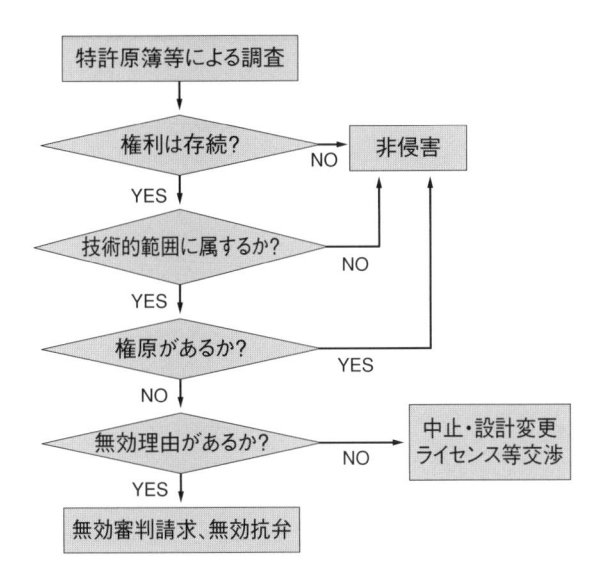

図2－19　侵害かどうかの判断の流れ

（1）侵害性検討段階
①特許原簿等による調査
　まず、その特許権の存在や、特許権の存続期間、特許料の納付状況等を特許原簿等によって確認する。特許期間が既に満了していたり、特許料が未納等の場合もあり、そもそもすでに権利が存在していなかったり、あるいはもうすぐ特許権の存続期間が満了する場合もあるからである。
　なお、特許原簿というのは、特許庁に備えられた一種のデータベースであり、特許権の設定、存続期間の延長、移転、消滅等について記録したものである。

②技術的範囲に属するかどうかの検討

　その特許権の存在が確認できたら、次に実施している製品が、その特許権にかかる特許発明の技術的範囲に属するか否かを検討する。技術的範囲に属さなければ侵害は成立しないからである。

　ここで、技術的範囲というのは、特許請求の範囲の記載により定まる、特許権の効力が及ぶ範囲であるといえる。

　手順としては、まずその特許発明の技術的範囲を正しく理解する必要がある。特許発明の技術的範囲は、特許請求の範囲の各請求項の記載により定まる。但し、その記載の用語の意味内容が不明確であるような場合、明細書や図面の記載を参酌してその意義を解釈するものとされる。この際、留意すべき点として、要約書の記載は一切関係ないことである。要約書は字数制限等の関係から広い権利範囲が及ぶかのような記載がなされている場合が多いが、それに拘泥する必要は全くない。

　次に、その把握された特許発明の技術的範囲と、対象となる製品の比較を行う。この検討の際、留意すべき点として、例えば検討する製品がプログラムの場合であって、対象となる特許の特許請求の範囲のある請求項の記載が、

　「コンピュータを、手段A、手段B、手段Cとして機能させるプログラム。」

という記載であった場合、その製品によって、コンピュータにかかる手段A、手段B、手段Cの機能全てが実現される場合、その技術的範囲に属することとなる。これに対して、一部の機能（例えばAとBのみ）しか実現されない場合は、原則として技術的範囲には属さないこととなる。但し、後述する均等論や、間接侵害等の適用を検討する必要がある場合もある。

③権原の検討

その製品が、特許発明の技術的範囲に属すると判断された場合、その特許権に対抗する権原があるかどうかを検討する。ここで、権原とは、具体的には以下のようなものである。

・通常実施権等の実施権（クロスライセンスを含む）…ただし、この場合、その実施権（ライセンス）の範囲に含まれるかどうかを契約により確認する必要がある。

・先使用権（特79条）…その特許権についての特許出願に係る発明の内容を知らないで自らその発明をし、又は特許出願に係る発明の内容を知らないでその発明をした者から知得して、その特許出願の際現に日本国内においてその発明の実施である事業をしている場合又はその事業の準備をしている場合は、その実施又は準備をしている発明及び事業の目的の範囲内において、その特許出願に係る特許権について通常実施権を認められることがある。但し、この認定は上記の要件を全て満たす必要があり、これに該当すると考えられる場合は、証拠書類の保存などの適切な処置を講ずる必要がある。

　代表的には、以上の2つであるが、他の法定通常実施権（特80条等）等の存在することもあるので、その確認も必要である。

④無効理由の検討

　明らかな権原がない場合、さらにその特許権に無効理由がないかを検討する。無効理由があれば、さらに以下に述べるような無効審判等の措置をとることができるからである。

　無効理由は、原則として審査における拒絶理由と同じであり、新規性、進歩性、先願、明細書等の記載要件等の違反を理由とすることができる。一般には、この無効理由の検討のために、先行技術調査を行うが、冒認出願等の事実がある場合、それを立証する証拠の収集等も必要となる。

（2）無効理由が発見できない場合

　先行技術調査等により、その特許権に無効理由を発見できない場合、以下の措置を取りうることとなる。

①その製品の製造の中止、又はその特許発明の技術的範囲に属さないように設計変更を行う。そのままの製品の製造・販売等の実施行為を続けると、損害賠償額がさらに増大することとなり、また権利者に差止を請求される場合もあるからである。

②その製品について、実施の継続を望む場合は、実施権（特77条、78条）の取得のための交渉を行う。甲が乙から権原を取得すれば正当に実施できるからである。また、乙から特許権Xの譲渡を受ける交渉をすることも考えられる。なお、かかる交渉においては、過去の実施についても実施料を支払うように要求されることも考えられるので、その点も留意すべきである。

（3）無効理由が発見された場合

　先行技術調査等により、その特許権に無効理由を発見した場合は、以下の措置を取りうることなる。

①特許無効審判の請求により、その特許権を遡及的に消滅させることができる（特123条）。かかる審判により特許権が遡及消滅すれば、侵害行為もそもそも存在しなかったこととなるからである。

　無効審判とは、いったん成立した特許について、特許庁に対して特許を無効にすることを審理してもらう手続きである。なお、平成15年までは特許異議の申立てという手続きがあったが、平成16年1月1日より施行された特許法によりこの手続きは廃止され、無効審判に一本化された。

　無効審判を請求する理由は、新規性、進歩性等の公益的理由と、共同出願違反等の権利帰属にかかる理由に分けられる。ただし、注意す

べき点はこの無効審判の請求人適格であり、公益的無効理由については、異議申し立て制度の廃止に伴い利害関係人の要件がなくなり何人も請求できることとなったが、権利帰属にかかる無効理由については利害関係人のみしか請求できない。ただし、この利害関係人というのは比較的緩やかに運用されている。

　なお、無効審判は原則としていつでも請求可能であり、複数の審判官がいわゆる当事者対立構造の下で職権探知主義を併用しつつ審理が行われる。つまり、審判請求人と特許権者とが原告又は被告となり、特許庁が訴訟当事者となるわけではない。

②特許権者から差止請求訴訟や損害賠償請求訴訟を提起された場合は、その特許権は無効理由を有するものであり、行使できない旨の主張を行うことができる（特104条の3）。裁判においてかかる主張が認められることにより、乙の権利行使はできないこととなり、紛争の実効的解決を図ることができる。

4.2.4 均等論

　特許出願の際に将来のあらゆる侵害態様を予想して明細書の特許請求の範囲を記載することは極めて困難であるなどの理由から、特許発明の技術的範囲について均等論といわれる理論が適用されることがある。今、この理論を説明する為に、図2－20のように特許請求の範囲の請求項1に記載の発明が構成A、B、Cからなり、一方技術的範囲に属するかどうかを検討する製品がA、B、Dからなる場合を考える。

4．特許法により受けられる保護の内容

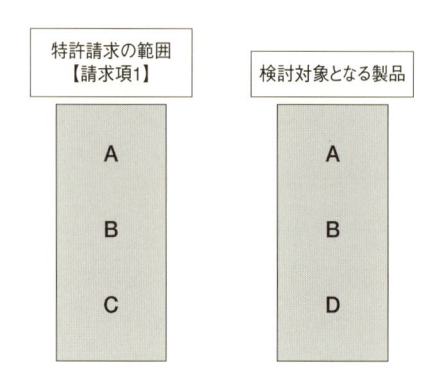

図2－20 特許請求の範囲と検討対象製品の構成

　このような場合は、構成（C）と（D）が異なっているために、本来的には特許権の効力は対象となる製品には及ばないこととなる。しかし、このように特許請求の範囲に記載された構成中に対象製品等と異なる部分（C）が存する場合であっても、以下の要件を満たす場合には、例外的にいわゆる均等論が適用され、当該製品はかかる特許を侵害するものとされることがあるので注意が必要である[1]。
① その異なる部分（C）が特許発明の本質的部分ではない。
② その異なる部分（C）を対象製品等におけるもの（D）と置き換えても、特許発明の目的を達することができ、同一の作用効果を奏する（置換可能性）。
③ ②のように置き換えることに、当業者が、対象製品等の製造等の時点において容易に想到することができた（置換容易性）。
④ 対象製品等が、特許発明の特許出願時における公知技術と同一又は当業者がこれから右出願時に容易に推考できたものではない。
⑤ 対象製品等が特許発明の特許出願手続において特許請求の範囲から意

1　最高裁第三小法廷判決平成10年2月24日ボールスプライン事件（最高裁判所ホームページ）

識的に除外されたものに当たるなどの特段の事情もない。

なお、この均等論は、特許出願の際に将来のあらゆる侵害態様を予想して明細書の特許請求の範囲を記載することは極めて困難であること等を考慮し、社会正義・衡平の理念に基づき、特許発明の実質的価値は第三者が特許請求の範囲に記載された構成からこれと実質的に同一なものとして容易に想到することのできる技術に及び、第三者はこれを予期すべきものと解するのが相当であると考えられるために、適用が認められるものである。

ただし、権利者の立場から考える場合は、特に、この均等論はあくまで例外である点に留意すべきであり、このような要件を全て満たすのは一般的にかなり困難であり、安易に均等論による救済を前提に議論することは避けるべきであろう。

4.2.5 間接侵害

特許権の侵害、すなわち「権原なき第三者の特許発明の実施」に該当しない場合であっても、一定の場合は間接侵害（特101条）として侵害とみなされる。特に法改正により、この間接侵害における「物」についてもプログラム等が含まれることが明確となった。

これにより、従来の特許庁の取り扱いに従って、たとえプログラムの実現する機能について物（装置、システム等）又は方法についての発明としてしか特許を取得していなかった場合であっても、

① 物として特許されている場合は、その物の生産にのみ用いるプログラム、あるいはその物の生産に用いるプログラム（日本国内において広く一般に流通しているものを除く。）であつてその発明による課題の解決に不可欠なものであるとして認められた場合

② 方法として特許されている場合、その方法の使用にのみ用いるプログラム、あるいはその方法の使用に用いるプログラム（日本国内におい

て広く一般に流通しているものを除く。）であつてその発明による課題の解決に不可欠なものであるとして認められた場合においては、そのプログラムが間接侵害の規定の要件を満たすものとして、例えばそのプログラムを生産のみする者（例えばソフトウェア開発会社）に対しても権利行使をすることがより容易かつ直接的に可能となると考えられる。

つまり、この間接侵害規定の改正[1]ともあいまって、このようにたとえプログラム自体の発明について特許を取得していなくとも、かかる間接侵害の規定を柔軟に適用することにより、プログラムに関してかなり広範囲の特許権による保護を期待できる。

この点に関して、一太郎事件判決[2]によれば、以下の点が明らかにされた。まず、特許発明が「装置」としてクレームされていた場合において、その装置のために必要なプログラムをインストールしたパソコンは、そのプログラムのパソコンへのインストールにより特許発明にかかる装置が完成するので、その特許発明にかかる装置の生産に該当するため、そのための当該プログラムの製造・譲渡等は間接侵害に該当すると判示した。一方、特許発明が「方法」としてクレームされていた場合においては、プログラムはその方法の使用に用いる物（すなわちパソコン）の生産に用いられる物（プログラム）の製造・譲渡等に過ぎないので、間接侵害に該当しないとした。

4.3 侵害に対する対応

4.3.1 侵害行為に対する救済措置

特許権が侵害されている場合、特許権者または専用実施権者には以下の救済措置が認められる。

---

1 平成14年の間接侵害規定（特101条）の改正についての詳細は解説21-38頁参照。
2 知財高判平17年9月30日平成17年（ネ）10040特許権民事訴訟事件（最高裁ホームページ）

①差止請求権

　特許権者等は、自己の特許権等を侵害する者又は侵害するおそれがある者に対し、その侵害の停止又は予防を請求することができる（特100条1項）。

　この請求をするに際し、侵害の行為を組成した物（物を生産する方法の特許発明にあつては、侵害の行為により生じた物を含む。）の廃棄、侵害の行為に供した設備の除却その他の侵害の予防に必要な行為を請求することができる（同条2項）。

②損害賠償請求権

　故意又は過失により、他人の特許権等を侵害した者に対しては、それによって生じた損害の賠償を請求できる（民709条）。

　かかる請求をする場合、特許権の特質に応じて、より容易にこの請求が行えるように、特別の規定を特許法上に設けている（特102条〜105条の7）。

③不当利得返還請求権

　特許権を有さない等、法律上の原因がないにもかかわらず、他人の財産等により利益を受け、それにより他人に損失を及ぼした者に対して、その利益の存する限度において、それを返還すること請求できる（民703、704条）。

④信用回復措置請求権

　故意又は過失により特許権又は専用実施権を侵害したことにより特許権者又は専用実施権者の業務上の信用を害した者に対して、損害の賠償に代え、又は損害の賠償とともに、特許権者又は専用実施権者の業務上の信用を回復するのに必要な措置を請求できる（特106条）。

⑤侵害罪

　さらに、特許権等を侵害した者に対しては、刑事罰として侵害罪（特196条）の適用がある。

4.3.2 侵害発見時の特許権者等の対応

具体的に、第三者が自己の特許権を侵害していると考えられる場合、一般的には、特許権者や専用実施権者は、以下の図2－21に示すような対応を行う。

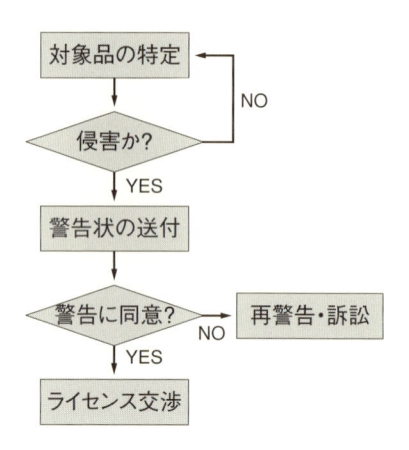

図2－21　第三者が自己の特許権を侵害している場合の対処

まず、侵害していると思われる製品の特定を行う。そして、侵害かどうかを判断する。侵害と判断される場合、まずは警告状を送付し、相手に対して権利行使をする可能性があることを警告する。その警告状に対し、相手から肯定的な回答、すなわちライセンスを受けたい旨の回答があれば、ライセンス交渉を開始する。これに対し、回答が否定的である場合や、回答がない場合には、さらに再警告を行うか、訴訟に踏み切るかを検討し、必要に応じて実行することとなる。なお、訴訟以外に仲裁等の手続を行うことも考えられる。

4.3.3 侵害警告を受けた場合の対応

これに対し、他人である特許権者から特許権侵害であるとの警告を受けた場合、以下の図2－22に示すように対応する必要がある。

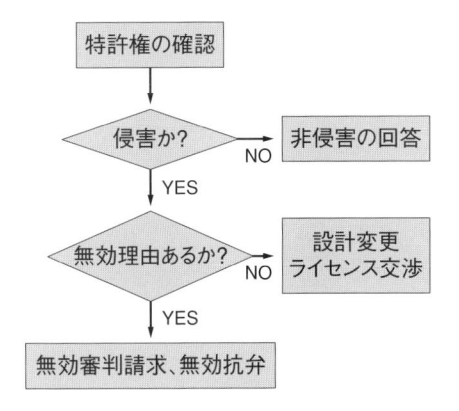

```
[特許権の確認]
     ↓
   <侵害か?> ──NO──→ [非侵害の回答]
     │YES
     ↓
 <無効理由あるか?> ──NO──→ [設計変更 ライセンス交渉]
     │YES
     ↓
[無効審判請求、無効抗弁]
```

図2－22　他人から警告を受けた場合の措置

すなわち、手順としては以下の通りである。
・まず、警告を受けた特許権が有効なのか、権利者は誰なのか等の点について特許権の登録原簿で確認する。
・その特許権について、実施権などの権原を有しないかを確認する。
・その特許権の内容を特許公報で確認の上、その権利範囲に入るかどうかを特許請求の範囲の記載から検討する。

これらの結果、侵害することが明らかになった場合は、その特許についてさらに詳細に調査を行い、無効理由となるような先行技術などがないかを検討する。無効理由があると判断される場合、特許無効審判（特123条）を請求し、その請求が認められればその特許は無効となる。また、訴訟が提起された場合は、この特許権は無効理由を有するものであり、行使できない旨の主張を行うことができる（特104条の3）。裁判においてかかる主張が認められることにより、乙の権利行使はできないこととな

り、紛争の実効的解決を図ることができるからである。

このような無効理由も特に発見できず、特許権侵害を否定することができない場合は、自社の製品の設計を変更したり、特許権者にライセンス（実施権）を求める交渉を開始したり、その製品の製造・販売を中止したりという対応が必要となる。

4.4 権利行使を考慮したクレーム作成例

既に3.1.5において、ソフトウェア発明とその特許請求の範囲の記載例を示したが、ここでは、さらに一歩進んで、ビジネス方法に関連するソフトウェア発明について、権利行使を考慮した特許請求の範囲の記載方法について説明する。

今、以下の図2－23に示すようなビジネス方法に関連する発明を想定する。

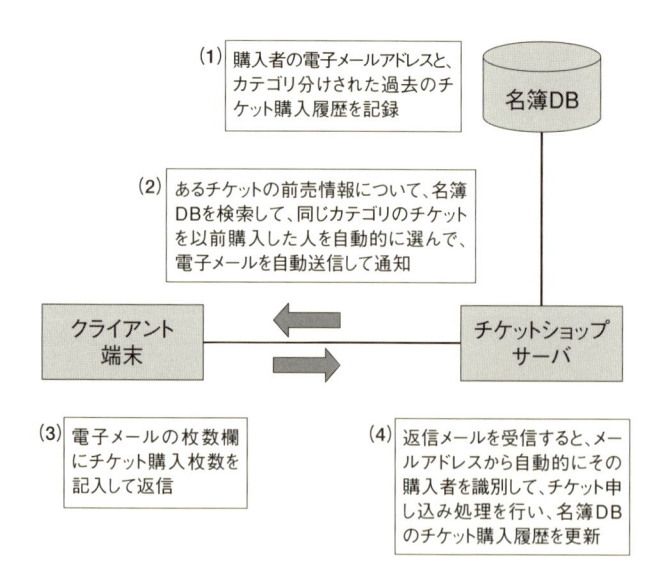

図2－23　検討するビジネス方法の例

この図において、処理は（1）→（2）→（3）→（4）の順に行われる。すなわち、（1）まず購入者の電子メールアドレスと、カテゴリ分けされた過去のチケット購入履歴が名簿DB（データベース）に記録されている。（2）そして、チケットショップサーバは、あるチケットの前売情報について、名簿DBを検索して、同じカテゴリのチケットを以前購入した人を自動的に選んで、電子メールを自動送信して通知する。（3）クライアント端末において、受信した電子メールに記載されたチケットに申し込む場合、その電子メールの枚数欄にチケット購入枚数を記入して返信する。（4）チケットショップサーバは、返信メールを受信すると、メールアドレスから自動的にその購入者を識別して、チケット申し込み処理を行い、名簿DBのチケット購入履歴を更新する。

このようなビジネス方法について、以下のような請求項（クレーム）の記載が考えられる。

まず、システムについてのクレームとしては、以下のようなものが考えられる。

【請求項1】
　購入者の電子メールアドレスと、カテゴリ分けされた過去のチケット購入履歴を記録した名簿データベースと、
　あるチケットの前売情報について、同じカテゴリのチケットを以前購入した人を前記名簿データベースを検索して選択する手段と、前記選択された人の電子メールアドレス宛に前記チケット前売情報及び希望枚数記入欄を記載した電子メールを送信する手段と、を有するチケットショップサーバと、
　前記電子メールを受信し、前記希望枚数記入欄が記入された電子メールを返信する手段を有するクライアント端末と、
　を有し、さらに前記チケットショップサーバは、返信されたメールを受信する手段と、返信元メールアドレスから前記名簿データベース

4．特許法により受けられる保護の内容

> を検索してその発信者を識別する手段と、前記希望枚数記入欄を読み取りチケット購入処理を行う手段と、前記名簿データベースのチケット購入履歴を更新する手段と、有するチケット販売システム。

このようなクレームが記載された場合、このクレームの内容に従って、以下の図2－24のようにシステム構成図に、各手段に対応する機能ブロックを記載した機能ブロック図とすると、その構成が明確となる。

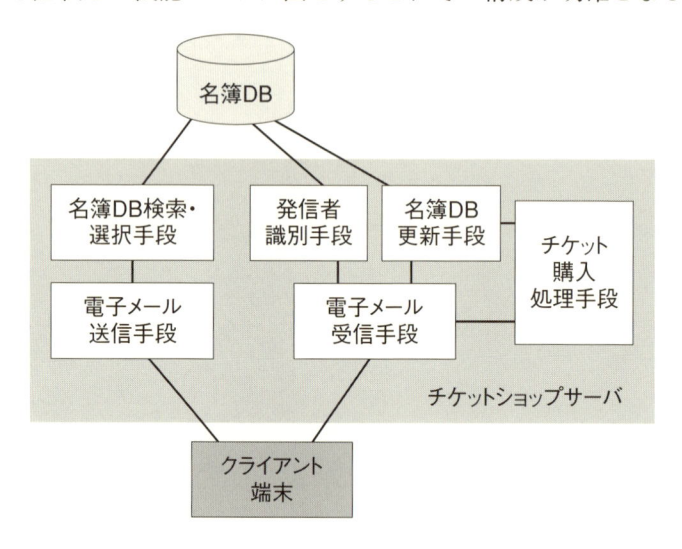

図2－24　機能ブロック図の例

さらに、このビジネス方法を実現するシステム全体について、実行されるビジネス方法のクレームは、例えば次のようになる。

> 【請求項2】
> 　名簿データベースと、チケットショップサーバと、クライアント端末がそれぞれネットワークを介して接続されているシステムにおけるチケット販売方法であって、

> 　前記名簿データベースは購入者の電子メールアドレスと、カテゴリ分けされた過去のチケット購入履歴を記録し、
> 　前記チケットショップサーバは、あるチケットの前売情報について、同じカテゴリのチケットを以前購入した人を前記名簿データベースを検索して選択し、前記選択された人の電子メールアドレス宛に前記チケット前売情報及び希望枚数記入欄を記載した電子メールを送信し、
> 　前記クライアント端末は、前記電子メールを受信し、前記希望枚数記入欄が記入された電子メールを返信し、
> 　さらに前記チケットショップサーバは、返信されたメールを受信し、返信元メールアドレスから前記名簿データベースを検索してその発信者を識別し、前記希望枚数記入欄を読み取りチケット購入処理を行い、前記名簿データベースのチケット購入履歴を更新する、前記方法。

　この請求項2に対応してフローチャート図で各方法ステップを対応させて、明細書において明確にその内容を記載する。なお、ここではフローチャート図は省略する。

　特に、ビジネス方法についての発明をクレームする場合、多くの注意点があるが[1]、その一つとして人の動作をクレームに記載しないという点がある。例えば、この事例では、ビジネス方法を実現するシステム全体についての方法クレーム（ステップ形式で記載）において、下記請求項3の下線部のような記載は不適切である。受信した電子メールの希望枚数記入欄を記入するのは、人間の動作に他ならないからである。

1　詳細は本書資料2の「ビジネス関連発明に対する判断事例集」特許庁特許審査第四部（平成15年4月）を参照。

4．特許法により受けられる保護の内容

【請求項3】※不適切な例
　名簿データベースと、チケットショップサーバと、クライアント端末がそれぞれネットワークを介して接続されているシステムにおけるチケット販売方法であって、
　前記名簿データベースは購入者の電子メールアドレスと、カテゴリ分けされた過去のチケット購入履歴を記録するステップと、
　前記チケットショップサーバは、あるチケットの前売情報について、同じカテゴリのチケットを以前購入した人を前記名簿データベースを検索して選択し、前記選択された人の電子メールアドレス宛に前記チケット前売情報及び希望枚数記入欄を記載した電子メールを送信するステップと、
　前記クライアント端末は、前記電子メールを受信するステップと、前記受信した電子メールの希望枚数記入欄を記入するステップと、前記希望枚数記入欄が記入された電子メールを返信するステップとを有し、
　さらに前記チケットショップサーバは、返信されたメールを受信し、返信元メールアドレスから前記名簿データベースを検索してその発信者を識別し、前記希望枚数記入欄を読み取りチケット購入処理を行い、前記名簿データベースのチケット購入履歴を更新するステップと、
　を有する前記方法。

　さらに、権利行使を考えると、システム全体のクレームの場合、例えば本事例ではクライアント端末を有するのが個人の場合や、名簿DBをチケットショップ以外が運営しているような場合、権利行使が難しくなるという点がある。従って、主体をビジネスを行うチケットショップに絞って、チケットショップサーバについてのクレームを作成することは重

要である。例えば以下のようなクレームが考えられる。

【請求項4】
　購入者の電子メールアドレスと、カテゴリ分けされた過去のチケット購入履歴を記録した名簿データベースと、クライアント端末とにネットワークを介して接続されたチケットショップサーバであって、
　あるチケットの前売情報について、同じカテゴリのチケットを以前購入した人を前記名簿データベースを検索して選択する手段と、
　前記選択された人の電子メールアドレス宛に前記チケット前売情報及び希望枚数記入欄を記載した電子メールを送信する手段と、
　前記クライアント端末から前記希望枚数記入欄が記入されて返信された電子メールを受信する手段と、
　前記電子メールの返信元メールアドレスから前記名簿データベースを検索してその発信者を識別する手段と、
　前記希望枚数記入欄を読み取りチケット購入処理を行う手段と、
　前記名簿データベースのチケット購入履歴を更新する手段と、
を有するチケットショップサーバ。

　また、このチケットショップサーバにおける処理をソフトウェア製品として販売することが考えられるような場合であって、その販売がCD－ROMのような記録媒体の販売により行われるような場合、媒体クレームも考慮の対象となる。この場合、例えば以下のようなクレームが考えられる。

【請求項5】
　購入者の電子メールアドレスと、カテゴリ分けされた過去のチケ

4．特許法により受けられる保護の内容

> ット購入履歴を記録した名簿データベースと、クライアント端末とにネットワークを介して接続されたチケットショップサーバを、
> 　あるチケットの前売情報について、同じカテゴリのチケットを以前購入した人を前記名簿データベースを検索して選択する手段と、
> 　前記選択された人の電子メールアドレス宛に前記チケット前売情報及び希望枚数記入欄を記載した電子メールを送信する手段と、
> 　前記クライアント端末から前記希望枚数記入欄が記入されて返信された電子メールを受信する手段と、
> 　前記電子メールの返信元メールアドレスから前記名簿データベースを検索してその発信者を識別する手段と、
> 　前記希望枚数記入欄を読み取りチケット購入処理を行う手段と、
> 　前記名簿データベースのチケット購入履歴を更新する手段と、
> として機能させるためのプログラムを記録したコンピュータ読み取り可能な記録媒体。

　さらに、チケットショップサーバにおいて処理を実行するプログラムについてクレームする場合、例えば以下のようなクレームが考えられる。

> 【請求項6】
> 　購入者の電子メールアドレスと、カテゴリ分けされた過去のチケット購入履歴を記録した名簿データベースと、クライアント端末とにネットワークを介して接続されたチケットショップサーバを、
> 　あるチケットの前売情報について、同じカテゴリのチケットを以前購入した人を前記名簿データベースを検索して選択する手段と、
> 　前記選択された人の電子メールアドレス宛に前記チケット前売情報及び希望枚数記入欄を記載した電子メールを送信する手段と、
> 　前記クライアント端末から前記希望枚数記入欄が記入されて返信

された電子メールを受信する手段と、
　前記電子メールの返信元メールアドレスから前記名簿データベースを検索してその発信者を識別する手段と、
　前記希望枚数記入欄を読み取りチケット購入処理を行う手段と、
　前記名簿データベースのチケット購入履歴を更新する手段と、
として機能させるためのプログラム。

　また、チケットショップサーバにおけるビジネス方法についての方法クレームは、例えば以下のようなものが考えられる。

【請求項7】
　購入者の電子メールアドレスと、カテゴリ分けされた過去のチケット購入履歴を記録した名簿データベースと、クライアント端末とにネットワークを介して接続されたチケットショップサーバにおけるチケット販売方法であって、
　あるチケットの前売情報について、同じカテゴリのチケットを以前購入した人を前記名簿データベースを検索して選択するステップと、
　前記選択された人の電子メールアドレス宛に前記チケット前売情報及び希望枚数記入欄を記載した電子メールを送信するステップと、
　前記クライアント端末から前記希望枚数記入欄が記入されて返信された電子メールを受信するステップと、
　前記電子メールの返信元メールアドレスから前記名簿データベースを検索してその発信者を識別するステップと、
　前記希望枚数記入欄を読み取りチケット購入処理を行うステップと、
　前記名簿データベースのチケット購入履歴を更新するステップと、
を有する前記方法。

4．特許法により受けられる保護の内容

　さらに、このビジネス方法のバリエーションとして、図2－25に示すように、名簿データベースがチケットショップサーバ中に含まれるという場合も考えられる。

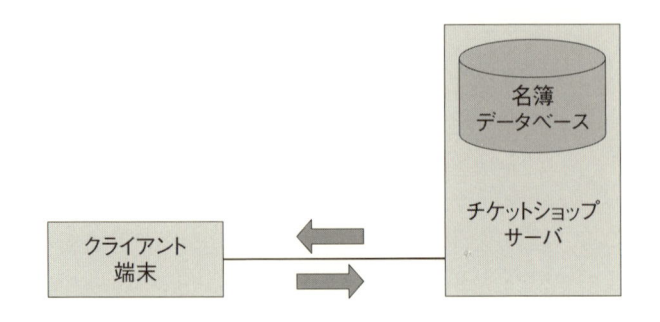

図2－25　名簿データベースがチケットショップサーバ中に含まれる場合

　このような場合、チケットショップサーバについてのクレームの記載としては、例えば以下のようなものが考えられる。

【請求項8】
　クライアント端末とネットワークを介して接続されたチケットショップサーバであって、
　購入者の電子メールアドレスと、カテゴリ分けされた過去のチケット購入履歴を記録した名簿データベースと、
　あるチケットの前売情報について、同じカテゴリのチケットを以前購入した人を前記名簿データベースを検索して選択する手段と、
　前記選択された人の電子メールアドレス宛に前記チケット前売情報及び希望枚数記入欄を記載した電子メールを送信する手段と、
　前記クライアント端末から前記希望枚数記入欄が記入されて返信された電子メールを受信する手段と、
　前記電子メールの返信元メールアドレスから前記名簿データベー

スを検索してその発信者を識別する手段と、
　前記希望枚数記入欄を読み取りチケット購入処理を行う手段と、
　前記名簿データベースのチケット購入履歴を更新する手段と、
を有するチケットショップサーバ。

　この他にも、名簿データベースについてのクレームとしては、例えば以下のようなものが考えられる。

【請求項9】
購入者の電子メールアドレスと、
カテゴリ分けされた過去のチケット購入履歴と、
を記録した名簿データベース。

　しかし、このような構成を有するデータベースが新規性等の特許要件を満たさない限りクレームしても意味がない。
　また、クライアント端末にクレームついても、例えば以下のようなものが考えられる。

【請求項10】
　チケット前売情報及び希望枚数記入欄を記載した電子メールを受信する手段と、
　前記受信した電子メールの前記希望枚数記入欄が記入された電子メールを返信する手段と
　を有するクライアント端末。

　このクレームも、このような構成を有するクライアント端末が新規性等の特許要件を満たさない限りクレームしても意味がない。但し、「業と

して」の観点からは、物のクレームについては、その物の生産などにも特許の効力は及ぶので、もし特許性があればクレームする価値はある。一方、方法については、クライアントの使用者が個人に限定される（いわゆるB to C）場合は、クレームしても権利行使が困難となることが考えられる。

　なお、以上は実施例をベースとしたクレームであり、これらをもとにして、従来技術との関係等を考慮しつつ、さらに権利範囲を広くするような工夫（例えば上位概念化等）を行うことにより、さらに充実したクレームとすることができる。

5. 国際的なソフトウェアの特許法による保護

5.1 条約による保護

　一般に、ソフトウェアに関する発明について外国で保護を受けたい場合は、その国の特許法によることとなる。これは、属地主義の原則によるためである。

　すなわち、この属地主義によれば、例えば日本で取得した特許については日本国内のみで権利行使可能であり、米国で取得した特許については米国国内のみで権利行使可能であるということなる。従って、重要な発明についての特許は、各国ごとに出願し、権利を取得する必要がある。この場合、各国出願についてそれぞれ翻訳代、出願料、特許料、代理人手続料等がかかる。(ただし、後述するヨーロッパ特許条約のように、一定の地域の複数の国が条約を締結し、一定の条件の下で共通して特許を認めている場合もある。)

　このように各国で保護を受けようとする場合には、以下に述べるパリ条約における優先権制度や、特許協力条約（PCT）による国際出願制度を利用する場合が多い。

5.2 パリ条約

　パリ条約とは、1883年に締結された工業所有権を国際的に保護するための条約である。当時から工業所有権は各国の産業政策と密接な関係があったことから、各国間で合意できる最低限の内容を定めた条約となっている。しかし、その内容は重要であり、以下にその基本的な原則について説明する。

5.2.1 内国民待遇

　パリ条約の各同盟国の国民は、工業所有権の保護に関し、他のすべて

の同盟国において、当該他の同盟国の法令が内国民に対し現在与えており又は将来与えることがある利益を享受することとされている（パリ2条）。これを内国民待遇の原則と呼んでいる。より詳細には、同盟国の国民は、その国の内国民に課される条件及び手続に従う限り、その内国民と同一の保護を受け、かつ、自己の権利の侵害に対し内国民と同一の法律上の救済を与えられることとなる。

5.2.2 優先権

　パリ条約のいずれかの同盟国において正規に特許出願をした者又はその承継人は、他の同盟国において出願をすることに関し、最初の同盟国での出願日から12か月の期間中優先権を有する（パリ4条A）。

　一般には、この優先期間内に、他の国にこの優先権を主張して出願を行うが、その手続の詳細は各国によって異なる。また、通常はその出願しようとする国において使用する言語に翻訳する必要がある。

　この手続を図に示せば図2－26のようになる。

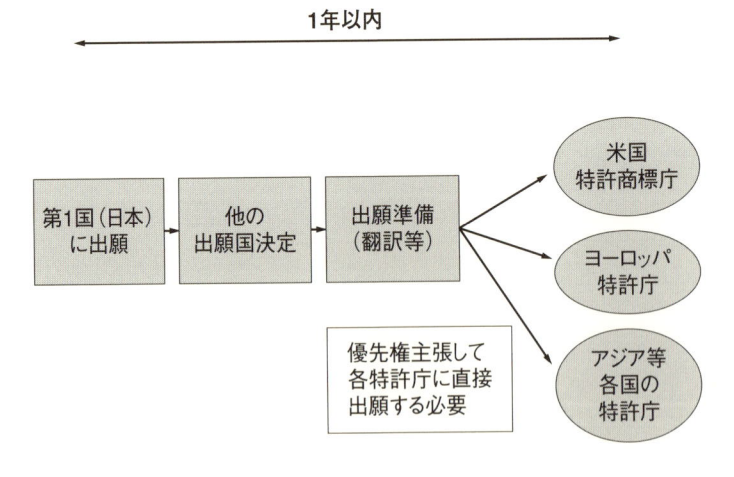

図2－26　優先権主張による出願手続

そして、この優先権の利益（パリ4条B）として、優先期間の満了前に他の同盟国においてされた後の出願は、その間に行われた行為、例えば、他の出願、当該発明の公表又は実施等によって不利な取扱いを受けないものとし、また、これらの行為は、第三者のいかなる権利又は使用の権能をも生じさせないとされている（パリ4条B）。これを受けて、わが国では新規性など特許要件の審査について第1国出願日を基準にして判断している。

5.2.3 特許独立の原則

同盟国の国民が各同盟国において出願した特許は、他の国（同盟国であるかどうかを問わない。）において同一の発明について取得した特許から独立したものとする（パリ4条の2）。この独立という意味は、特に、優先期間中に出願された特許が、無効又は消滅の理由についても、また、通常の存続期間についても、独立のものであるという意味に解釈しなければならないとされている。

つまり、アメリカの特許（出願）が拒絶・無効になったからといって、それに対応する日本の特許（出願）が拒絶・無効になるとは限らないということである。これを逆にいえば、アメリカで特許されたからといって、それに対応する発明が日本で特許されるとは限らないともいえる。

5.3 特許協力条約（PCT: Patent Cooperation Treaty）
5.3.1 PCTの手続

特許協力条約（PCT）は、方式統一条約とも言われ、この条約による国際出願制度を利用することにより、一定の書式で所定の受理官庁に出願（国際特許出願）をすることにより、条約加盟国に出願したこととされる。つまり、出願の時点では、各国の特許庁にそれぞれ出願する必要はなく、受理官庁と呼ばれるいずれかの加盟国等の特許庁（例えば日本

の特許庁）に出願すれば、各国特許庁に出願したと同等の効果が得られる。そして、所定の期間内に、出願国を決定して、原則として30月以内に各国特許庁への手続き（翻訳文の提出等）を行う。その後の審査手続などは各国特許庁で受ける必要がある。これを図示すれば以下の図2－27の通りである。

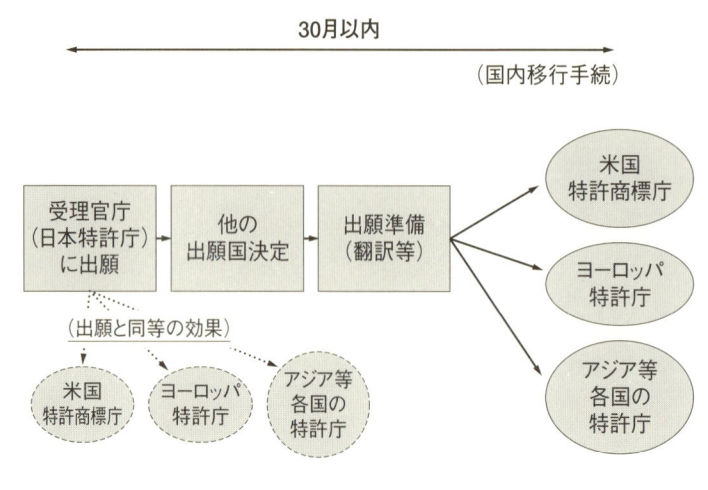

図2－27　PCTによる国際出願手続

さらに、このPCTによる国際出願の出願後、国際調査機関と呼ばれる機関において、国際調査が行われ、その結果が国際調査報告として公開される。この手続の流れをより詳細に示すと以下のようになる。

国際出願：所定の書式で受理官庁に出願する
↓
国際調査：国際調査機関の審査官により先行技術調査が行われ、
　　　　　国際調査見解書、国際調査報告が作成される
↓
国際公開：原則として優先日から18月後に国際調査報告とともに出

```
           願内容が公開される
    ↓
(国際予備審査：国際予備審査機関の審査官により産業上利用性、新
          規性、進歩性についての審査がなされ、国際予備審
          査報告が作成される（PCT33条)。)
    ↓
指定国の特許庁で実体審査を受ける
```

5.3.2 我が国における手続への移行（特184条の3〜184条の20）

　PCTの規定に基づく国際出願日が認められた国際出願であつて、指定国に日本国を含むもの（特許出願に係るものに限る。）は、その国際出願日にされた特許出願とみなされる（特184条の3第1項）。なおこの規定以下、PCTの手続きを我が国法と整合させるための規定が設けられている（特184の20まで）。

　また、PCTに基づく国際出願、国際調査及び国際予備審査に関し、特許庁と出願人との間における手続を定める「特許協力条約に基づく国際出願等に関する法律」（国願法）という法律も定められている。

5.3.3 PCTルートのメリット・デメリット

　PCTによる国際出願のメリットとデメリットをまとめると以下のようになる。

PCTのメリット：
①各国における出願手続は不要。但し、実体審査は各国で受けるため、そのための手続は必要である。
②PCTの方式に従えば、各国で方式違反は問われない（但し翻訳文などの手続は必要）。

③翻訳文の提出期限が原則として優先日から３０月になる。
④国際調査見解書、国際調査報告、さらに必要に応じて国際予備審査報告を得ることができる。よって、これらの結果を見て、特許性についてある程度検討したうえで、各国への手続に移ることができる。これは、不要な特許出願を抑制し、各国の出願費用、翻訳代、各国の代理人費用の削減につながることとなる。

PCTのデメリット：
①PCTについての余分な費用がかかる。
②国際段階から国内段階に移行するために時間がかかる。
③PCTの方式・手続を熟知する必要がある

５．４ 外国への直接出願

　以上に述べてきたパリ条約による優先権主張、PCT出願によらず、特許による保護を受けたい国に直接出願を行うということも可能である。例えば、パリ条約による優先期間が過ぎてしまったような場合には、この方法によらざるを得ないが、出願時に新規性を失っていないか十分確認する必要がある。

6．欧米におけるソフトウェアの特許法による保護

6．1 米国特許法における保護の対象
6．1．1 法定の主題

　我が国の特許法においては発明について定義規定が設けられているが（特2条1項）、米国特許法においては、その保護対象である発明について我が国のような明文の定義規定は設けられていない。しかし、「プロセス（process）、機械（machine）、製品（manufacture）、組成物（composition）又はこれらの新規かつ有用な改良を発明ないし発見した者は、この法律に従って特許を受けることができる」と規定されている[1]。この方法、機械、製品、組成物を法定の主題（subject matter）とよんでいる。

　これらの法定の主題を簡単に説明すれば以下の通りである。「プロセス」とは、所定の結果を得るためにある対象に対して行われる一連の行為である。「機械」とは、あらゆる種類の機械的な装置又は機器のことである。「組成物」とは、あらゆる複数成分の混合物をいい、化合物、中間物及び分子を含む。「製品」とは、機械又は組成物以外の、人間によって考案されたあらゆるものを言う[2]。プロセスは日本で言う方法の発明に該当し、機械、組成物、製品は物の発明に該当すると考えられる。

　従って、ソフトウェア発明が特許法の保護対象となるかどうかは、その発明がこれらの法定の主題に該当するかどうかによって判断されることとなる。

6．1．2 法定の主題の判断手法

　ソフトウェア発明については、法定の主題に該当するかどうか多く争われてきたが、この点について、米国の判例によれば現在は以下のよう

---

[1] 35U.S.C.§101.
[2] ドナルド.S.チザム著、竹中俊子訳「アメリカ特許法とその手続（改訂第2版）」雄松堂出版（2000年）§1111

にして判断される。

　まず、クレームされた（特許請求の範囲に記載された）発明が前述の法定の主題に該当する場合には、単にその発明が数学公式、プログラム、コンピュータといったものを使用しているという理由によっては、その発明が法定の主題でなくなるということはない[1]。

　ただし、数学的なアルゴリズム（所定の数学的な問題を解くための手順）については、特許法の保護対象にはならない[2]。

　つまり、「自然法則」、「自然現象」、「抽象的アイデア」の3つは特許の保護を受けることができず、クレームされた発明が全体として、本質的に「抽象的なアイデア」以上のものを表すアルゴリズムと言えるかどうかを検討する必要がある[3]。そして、この検討の結果、「抽象的なアイデア」として特徴付けられるような数学的な概念ではなく、有用で具体的で実体的な結果を生む機械（装置）であれば、法定の主題に該当するものであると考えられる。

　また、この判断については、2段階テスト（Freeman-Walter (-Abele) テストともよばれる。）が用いられて、法定の主題に該当するかどうかが判断されることがある。最近の判例では、主としてプロセス（方法）のクレーム（特許請求の範囲）についてこの方法が用いられることがある。このテストは、以下のステップによって行われる。

①クレームに数学的アルゴリズムが直接的又は間接的に記載されているかどうかを判断する。
②数学的アルゴリズムが記載されている場合、クレームの物理的要素又はプロセス・ステップに応用されているかどうかを確認する。

1　Diamond v. Diehr, 450 U.S. 175, 209 USPQ 1 (1981)
2　Gottschalk v. Benson, 409 U.S. 63, 175 USPQ 673 (1972)
3　In re Alappat, 33 F.3d 1526, 31 USPQ2d 1545 (Fed. Cir. 1994)。

6.1.3 ソフトウェア発明の解釈

　ソフトウェア発明の特許請求の範囲は、いわゆる機能的手段による記載がなされている場合が多い。これは、ミーンズプラスファンクション（means plus function）クレームとよばれ、具体的に例を示せば以下のような記載である。

A computer apparatus comprising:

means for reading data from memory;

means for decideing whether said data equal to predetermined data; and,

means for outputting signal when said data equal to said predetermined data.

（訳出例：

メモリからデータを読み出す手段と、

前記データが予め定められた値を等しいかどうかを判断する手段と、

前記データが予め定められた値と等しい場合は信号を出力する手段と、

を有するコンピュータ装置。）

　このようなミーンズプラスファンクションクレームについて、そのクレームの範囲は、明細書に記載された構造、材料又は作用と同一及び均等のものが含まれると規定されている[1]。

　よって、ソフトウェア発明がこのミーンズ形式で記載された場合、そのクレームの記載に対応する構造等が明細書に記載されていれば、この規定の適用を受けてクレームが解釈されることとなる[2]。この規定は、特許後のクレームの範囲の判断時に用いられるだけでなく、米国特許商標庁における特許出願の審査時にも適用される[3]。

---

[1] 35U.S.C.§112（第6パラグラフ）。
[2] In re Alappat.
[3] In re Donaldoson Company, Inc., 16 F.3d 1189, 29 USPQ2d 1845 (Fed. Cir. 1994), In re Alappat.

(参考) Alappat判決の内容

本判決は、米国におけるソフトウェア発明の特許性について重要な内容を判示したものとして有名である。以下、この裁判の概要について説明する。

問題となった特許は、審査官による拒絶、審判部による取消、拡大審判部による「数学的アルゴリズムである」という理由による再度の拒絶を受けたため、上訴を経て、連邦高裁（CAFC）において争われたものである。オシロスコープの波形を安定させるための表示に関する発明であり、以下のようなミーンズクレーム（クレーム15）を有するものであった。

A rasterizer for converting vector list data representing sample magnitudes of an input waveform into anti-aliased pixel illumination intensity data to be displayed on a display means comprising:

(a) means for determining the vertical distance between the endpoints of each of vectors in the data list;

(b) means for determining the elevation of a row of pixels that is spanned by the vector;

(c) means for normalizing the vertical distance and elevation; and

(d) means for outputting illumination intensity data as a predetermined function of the normalized vertical distance and elevation.

(訳出例[1]：

入力波形のサンプルされた振幅を表すデータ・リストにおけるベクトルを、表示手段に同時的に表示されるべき画素輝度データに変換するためのラスタライザであって、

(a) データ・リストにおける各ベクトルの両端間の垂直距離を決定するための手段と、

---

1 牛久健司氏による（一部改）。

(b) ベクトルがかかるが画素列の仰角を決定するための手段と、
(c) 垂直距離と仰角を正規化するための手段と、ならびに
(d) 正規化された垂直距離及び仰角の所定の関数として輝度データを出力するための手段と、
を有するラスタライザ。)

　このクレームに対して裁判所は、以下の理由により特許性を認める判断を行った。その判示した内容の中で、特に重要なポイントは次の2点である[1]。

① ミーンズプラスファンクションクレームの解釈規定（§112第6パラグラフ）の適用に関する点。

　この点に関して、本判決では、本件明細書及び図面等の記載から、本件クレームのラスタライザは「機械」であり、(a) 項の手段は算術論理装置（ALU）及びその均等物に、(b) 項の手段は算術論手段及びその均等物に、(c) 項の手段は一対のバレル・シフタ及びその均等物に、(d) 項の手段はROM及びその均等物に、それぞれ相当すると判断した。よって、このクレームは公知の電気回路の結合により構成される機械ないしは装置を規定していると判示した。

② 法定の主題（§101）に関する点。

　本件クレームは、そこに記載された各手段（a）～（d）のそれぞれに対応し、かつ、明細書に開示された特定の構造により構成され、ラスタライザすなわち機械に向けられている。従って、このクレームは、法定の主題に規定されて4つのカテゴリーの1つである「機械」に相当し、法定の主題であると判示した。

　また、このクレームに記載された「手段」は、数学的演算を実行す

---

[1] 牛久健司「ソフトウェア関連発明の特許性を肯定したALAPPAT判決」SOFTIC LAW NEWS No.57（1994）による。

る回路要素であり、クレームされた発明は、全体として、波形データを表示されるべき輝度データに変換するための機械を構成するように結合された相互に関連する要素の組み合わせに向けられており、それは抽象的アイデアとして特徴付けられる数学的概念ではなく、有用で具体的で実体的な結果（useful, concrete, and tangible result）を生む特別な機械であると判示した。

6.1.4 ビジネス方法関連発明の特許性

従来は、米国においてもビジネス方法に関する発明は、法定の主題に該当しないものとして、ビジネス方法の例外として、その特許性は否定されると考えられてきた。

しかし、1998年のState Street事件の判決[1]により、ビジネス方法の例外は否定され、抽象的なアイデアに該当せず、有用で具体的で実体的な結果（useful, concrete, and tangible result）を生むものであれば特許の対象となりうることを明示した。

このState Street事件においては、問題となったクレームは装置（システム）に関する発明であったが、さらにこの判決に続くAT&T事件の判決[2]において、方法に関する発明についても、同様に有用で具体的で実体的な結果（useful, concrete, and tangible result）を生むものであれば特許の対象となりうることを明示した。

従って、これらの判決から、米国においては、ビジネス方法に関する発明については、装置のクレームであっても方法のクレームであっても、所定の要件を満たす限り特許の対象となりうることが明確となった。

なお、米国におけるこれらの判決の影響を受けて、我が国においても、

---

1 State Street Bank & Trust Co. v. Signature Financial Group, Inc., 149 F.3d 1368, 47 USPQ2d 1596（Fed. Cir. 1998）
2 AT&T Corp. v. Excel Communications, Inc.; Excel Communi-cations Marketing, Inc.; Excel Telecommunications, Inc., 172 F. 3d 1352, 50 USPQ 2d 1447（Fed. Cir. 1999）.

いわゆるビジネスモデル特許ブームが起き、大量のビジネス方法関連発明についての特許出願がなされた。

6.2 ヨーロッパ特許条約[1]における保護対象
6.2.1 特許性のある発明

　ヨーロッパ特許条約においては、米国特許法等と同様に特許の保護対象である発明について定義規定はない。しかし、発明とはみなされないものとして、「精神的活動、ゲーム又はビジネスを行うための計画、規則及び方法、並びにコンピュータのためのプログラム」が規定されている。そして、この規定は、ヨーロッパ特許出願又はヨーロッパ特許が、ここに規定された主題又は活動それ自体に関するものである限りにおいて、これらの主題又は活動の特許性を排除するものであるとされている[2]。

　つまり、特許出願において、コンピュータ・プログラムが、それ自体について記載されている場合には、発明とみなされず、特許による保護が受けられないものと考えられる。

　さらに、ヨーロッパ特許庁においては、この点について審判の審決において次の通りに考えられている[3]。すなわち、たとえ発明の背後にあるアイデアが数学的方法にあると考えられる場合であっても、その方法が使用される技術的プロセスに向けられているクレームは、その数学的方法それ自体の保護を要求するものではない。そして、ハードウェアによるかソフトウェアによるかに関わらず、プログラムの制御の下で実行される技術的プロセスに向けられたクレームは、コンピュータ・プログラムそれ自体についてのものとはみなすことはできない。

1　Convention on the Grant of European Patents of 5 October 1973
2　Article 52,（2）(c),（3）.
3　VICOM事件審決（T208/84）、1986.7.15

6.2.2 技術との関係

　さらに、ヨーロッパ特許条約では、特許の保護対象である発明と技術との関係が問題となっている。この点について、条約上は明文の規定はないものの、施行規則において、明細書においては、発明が関連する技術分野を特定し、クレームされた発明を、技術的課題及びその解決が理解できるように開示し、背景技術として有利な発明の効果を記載する[1]、またクレームにおいては、保護が求められる事項を発明の技術的特徴によって規定しなければならない[2]、とされている。

　従って、これらのことから、ヨーロッパ特許条約において特許を受けることができる発明は、
①技術分野を特定でき、かつ
②技術的課題を有し、かつ
③技術的特徴を有する
ものである必要があると考えられる。

　この点については、審決では以下のように考えられている[3]。すなわち、発明は全体として評価されなければならず、発明が技術的手段と非技術的手段の両方を利用しているとしても、非技術的手段の利用により全体的に示す発明の技術的性質を減じさせるものではない。ヨーロッパ特許条約は、特許性のある発明はもっぱら又はその大部分において技術的性質のものでなければならない、と要求しているわけでなく、技術的要素と非技術的要素の混合からなる発明の特許を禁止してはいない。

　さらに、プログラムについては、技術的課題の解決法におけるプログラムの利用についてのクレームは、ヨーロッパ特許条約で発明とみなされないとされている、プログラムそれ自体の保護を求めているとみな

1　Implementing Regulations Rule 27, (1) (a), (c).
2　Rule 29, (1)
3　X線装置事件 (KOCH & STERZEL) 審決 (T26/86) 1987.5.21

ことはできない[1]。

また、コンピュータ・プログラム・プロダクト形式によるクレーム（いわゆる媒体クレーム）についても、それが、さらなる技術的効果を達成する可能性があれば、その特許性は排除されないとされている[2]。

6.2.3 ビジネス方法関連発明

ヨーロッパ特許条約の規定上、特許出願又は特許において、ビジネスを行うための計画、規則及び方法が、それ自体について記載されている場合には、発明とみなされず、特許による保護が受けられないことは明らかである[3]。

しかし、ビジネス方法がコンピュータ上でソフトウェアにより実行される場合は、次のように考えられる[4]。まず、クレームされた発明の技術的性質に関する問題について、一般化して検討する。この一般化とは、要するにビジネス方法に関連する用語を排除してクレームの記載を検討するということである。そして、その一般化されたクレームがビジネスを行うことそれ自体のみに関係するものでなく、技術的考察を要求するものであれば、特許の対象である発明と考えられる。

さらに、ビジネスを行う方法は、発明とみなされないが、物理的な実体又は具体的な装置からなり、経済的活動を実行する、又はサポートするのに適した装置は、発明であるとする審決もある[5]。

6.2.4 ヨーロッパにおけるソフトウェア特許に関する議論

以上がこれまでのヨーロッパ特許庁におけるソフトウェア特許に関する取り扱いである。しかし、ヨーロッパ連合においてソフトウェア特許

---

1 IBM事件審決（1）（T115/85），1988.9.5
2 IBM事件審決（2）（T117/97），1999.3.5
3 Article 52, (2) (c), (3)
4 審決（T0769/92），1994.8.29
5 審決（T931/95），2000.9.8

を認める指令(Directive)をヨーロッパ議会が否決し、その結果をヨーロッパ特許庁が受け入れる旨を表明した[1]。今後、ヨーロッパにおけるこのようなソフトウェア特許に対する動きがどのような方向に向かうのかは、現段階では不明であり、注意が必要である。

---

1 ヨーロッパ特許庁プレスリリース
 http://www.european-patent-office.org/news/pressrel/2005_07_06_e.htm

第3章 ソフトウェアの著作権法による保護

1．法目的と保護対象

1．1 著作権法の目的

　著作権法は、プログラムを含む著作物等に関し著作者の権利及びこれに隣接する権利を定め、これらの文化的所産の公正な利用に留意しつつ、著作者等の権利の保護を図り、もって文化の発展に寄与することを目的とするものである（著1条）。

　つまり、著作権制度を確立する趣旨とは、著作者等の経済的あるいは人格的な利益を確保することによって、著作者の労苦に報い、その結果として、よりすぐれた著作物即ち文化的な所産が形成され、もって文化の発展に寄与することとなる、とする考えであるといえる[1]。

　プログラム等のソフトウェアを、どのように保護するかの議論は1980年頃から始まっており、いかなる政策をとるかで議論が分かれていたが、複数の判例においてプログラムの著作物性が認められていた経緯もあり[2]、最終的には、次に述べるように昭和60年の著作権法改正により、著作物としてプログラムは保護されることとなった[3]。

　プログラムの保護が、この「文化の発展」に寄与するか、あるいは「産業の発達」に寄与するかは議論の分かれるところである。著作権法改正当時の議論においても、プログラムは経済活動に伴い使用されるもの（経済財）であり、「文化の発展」よりも「産業経済の発展に寄与するものである」という指摘があったが[4]、一方、プログラムは広範な場で製作

1　加戸守行「著作権法逐条講義〔四訂新版〕」（以下「加戸」）著作権情報センター（2002年）13頁－14頁。
2　例えば東京地判昭和57年12月6日スペース・インベーダー・パートⅡ事件（判時1060号18頁）、東京地判昭和60年3月8日ディグダグ事件（判タ561号169頁）等。
3　この著作権法の法改正の経緯については、中山信弘「ソフトウェアの法的保護（新版）」（以下「中山保護」）有斐閣（1988年）に詳細に記載されている。
4　産業構造審議会情報産業部会中間答申第三分冊（昭和58年12月）第四章一（1）。

され、かつ、人間が活動するあらゆる場面で利用されており、人間生活の各分野に深くかかわって大きな役割を果たしており、その意味でプログラムの内容の向上は終局的には文化の発展に寄与するものであると考えられるともされた[1]。

しかし、これらの考えはプログラムの複数の側面を観察したものにすぎず、いずれも正しいと考えられよう。結局、現状では文化の発展を目的とする著作権法でも、産業の発達を目的とする特許法でもプログラムが保護されることとなった（図３－１参照）。これは、IT社会におけるプログラムの重要性が一層深まったためとも考えられる。

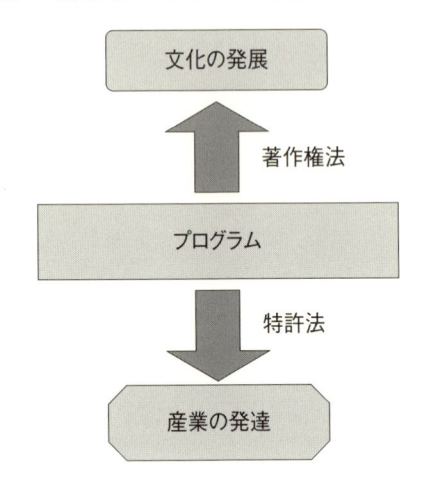

図３－１　プログラムの保護と法目的（２つの側面）

1.2 著作権法の保護対象となるプログラム

1.2.1 プログラムの定義

著作権法において、プログラムとは「電子計算機を機能させて一の結果を得ることができるようにこれらに対する指令を組み合わせたものと

---

1 著作権審議会第六小委員会（コンピュータ・ソフトウェア関係）中間報告（昭和59年1月）第２章Ｉ。

して表現したものをいう。」と規定されている（著2条1項10の2）。かかる規定は、プログラムが著作権法により保護されることが明確にされた昭和60年法改正により設けられたものである。

本定義規定は一般に以下のように解釈される[1]。

まず、「電子計算機」は、少なくともデータ処理に不可欠である記憶、演算、制御の3装置を備えていればこれにあたると考えられ、一般にいわれるコンピュータのみでなく、テレビゲーム機や家電製品に組み込まれるマイクロプロセッサなども含まれる。

「電子計算機を機能させて一の結果を得ることができるように」とは、機械語で表されていて直ちに電子計算機を作動させ得る状態に在る段階にまで要求するものではなく、機械語に変換すれば電子計算機を作動させうるように表現されている段階であれば足りる。よって、C言語やコボルなどのいわゆる高級プログラミング言語で記述されたソースプログラムも、それをコンパイルして生成された機械語からなるオブジェクトプログラムも、本規定に言う「プログラム」に該当する。

「一の結果を得る」とは、あるまとまった仕事が行われるという意味であり、その仕事の内容、目的に制限はない。よって、オペレーティングシステムやコンパイラ、アプリケーションプログラムは全て本規定のプログラムに該当する。ただし、そのプログラムについて誤りのないことまで要求するものではなく、電子計算機に一定の作業をさせることを目的として作られたものであれば足りる。

なお、プログラムの作成過程におけるシステム設計書やフローチャート、説明書はプログラムの作成・利用のための文書であり、電子計算機を作動させることを直接の目的とはしないため、プログラムには該当しない。ただし、他の著作物とされる可能性はある。

---

1 加戸43頁－45頁。

1. 法目的と保護対象

　また、プログラムの著作物に対する著作権法による保護は、その著作物を作成するために用いるプログラム言語、規約及び解法には及ばない（著10条3項）。この規定は、著作物は「表現したもの」であり、その手段としての言語や、表現の背景にある原理、アイデア、約束事それ自体は著作物ではないことを注意的に規定したものである[1]。

　ここで、プログラム言語とは、プログラムを表現する手段としての文字その他の記号及びその体系をいう（著10条3項1号）。規約とは、特定のプログラムにおける前号のプログラム言語の用法についての特別の約束をいう（著10条3項2号）。解法とはプログラムにおける電子計算機に対する指令の組合せの方法をいう（著10条3項3号）。

1.2.2 プログラムにおける「指令」

　著作権法上のプログラムの定義は「電子計算機を機能させて一の結果を得ることができるようにこれらに対する指令を組み合わせたものとして表現したものをいう。」（著2条1項10号の2）とされていることは上述の通りである。

　ここで「指令」とは人間が理解できるように記載された高級プログラミング言語や機械語で表されるものであると考えられるが、これら指令の単なる組み合わせは著作権法上のプログラムとして保護を受けられない。上記定義からも明らかなとおり、「電子計算機を機能させて一の結果を得ることができるように」指令が組み合わされてはじめて法上のプログラムの著作物として保護価値を有することとなる。

　この点について、ＩＢＦファイル事件抗告審[2]において、「著作権法上、プログラムとは、電子計算機に対する指令の組合せであり、それにより電子計算機を作動させ一定の処理をさせるものでなければならない。そ

---

[1] 加戸128頁。
[2] 東京高判平成4年3月31日（知的財産権裁判例集24巻1号218頁）。

して、そのようなプログラムで創作性を有するものが、同法第10条第1項第9号の「プログラムの著作物」として、同法の保護を受けるものである。したがって、電子ファイルとして記録媒体に電磁的に記録され、電子計算機がそれを読み取ることができるようなものであっても、右の機能を有しないものはプログラムとはならないものである。」と判示されている。

　よって、たとえプログラム中に記述されていても、電子計算機を作動させ一定の処理をさせるものではないプログラム上の単なるコメントや記号、単なるデータの羅列などは著作権法上の「プログラム」として保護を受けることはできないと考えられる。しかし、データ部分を読み込む他のプログラムと協働することによって、電子計算機に対する指令を組み合わせたものとして表現したものとみることができるような場合には、著作権法上のプログラムに当たるとされうる[1]。なお、単なるデータの羅列ではなく、論文、数値、図形その他の情報の集合物であつて、それらの情報を電子計算機を用いて検索することができるように体系的に構成したものについては、データベースの著作物として保護されうる（著2条1項10号の3）。

1　東京地判平成15年1月31日製図プログラム事件（判時1820号127頁）。

2．保護の要件

2．1 著作物の要件

著作物として著作権法によって保護されるためには、
① 「思想又は感情」の表現であること
② 「創作的」なものであること
③ 「表現」したものであること
④ 「文芸、学術、美術又は音楽の範囲に属するもの」であること
の4つの要件があるとされている[1]（著2条1項1号）。

つまり、プログラムであっても、全てが自動的に著作権法の保護対象となるわけではなく、これらの要件を満たしてはじめて著作権法の保護対象となる。

これらの要件をプログラムについて検討する。

まず、要件①については、プログラムはコンピュータの動作についてフローチャートに示されるようなアルゴリズムすなわち思想を表現したものであり、これはほとんどのプログラムに該当すると考えられる。

また、要件④についても、知的・文化的包括概念としてこの要件を捉えれば、プログラムがこの要件を満たすと考えるについて、特段の問題はないであろう。

そこでプログラムにおいてかかる著作物としての要件が問題となるのは、②の創作性、③の表現という点である。これらについて以下に説明する。

2．2 プログラムの創作性

そもそも、著作権法の保護対象たる著作物は「思想又は感情を創作的

---

[1] 加戸19-23頁（この記載では「もの」を含め5つの要件とされている）。

に表現したものであつて、文芸、学術、美術又は音楽の範囲に属するものをいう。」と定義されている（著2条1項1号）。この定義中の「創作的に」の文言から明らかなとおり、著作物として保護されるためには一定の創作性が要求される。この創作性については、一般には著作者の個性が著作物の中に何らかの形で現れていればそれで十分であると考えられている。

　プログラムの創作性に関して、具体的に示されており、参考となる判例として、IBFファイル事件（1審判決[1]）がある。かかる判決においては、アプリケーションプログラム用ファイルとフロントプロセッサ用ファイルからなるIBF（Install Batch File）ファイルといわれるプログラムの創作性について、特にその表現内容について詳細に検討を行った上で、「IBFファイルの表現は、大部分がMENU・EXEファイル及び組込み対象のアプリケーションプログラム等いかんによって規定されており、選択の余地がないものであり、また、選択の余地があるものも、選択の幅は極めて小さく、その選択によってその表現に創作性が生じるものとは認められず、更に、IBFファイルの表現を全体的に考察しても、その表現に創作性があるとは認めることはできない。」として、その創作性を否定する旨を判示した。すなわち、プログラムの表現に選択の余地がないような場合や、あってもその選択の幅が極めて小さいような場合は、プログラムの表現に創作性が生じるものとは認められないとした。

　さらに、本判例に示される創作性の詳細な検討のうち参考になると思われる部分を挙げれば次の通りである。

① 「IBFファイルのＩＤ行の表現、区切りマーク行の表現、区切りマーク行をコマンド行の前後に配置するという表現・・・、終了マーク行の表現、終了マーク行を最終行に配置するという表現並びにＩＤ行、

---

[1] 東京地判平成3年2月27日平成元年(ヨ)2577事件(最高裁判所ホームページ、知的財産権裁判例集)。

2．保護の要件

タイトル行及び組込みメッセージ行の先頭に「＊」を記述するという表現は、いずれもMENU・EXEファイルによって規定されており、その表現に選択の余地はないのであるから、右表現をもってIBFファイルの創作性の根拠とすることはできない。」

② 「タイトル行、コマンド行及びデバイス行は、組込み対象のアプリケーションプログラム等によって規定され、その表現に選択の余地はないから、右表現によってIBFファイルの創作性が生じるものとは認められない。なお、組込み対象のアプリケーションプログラム等として何を選択するか、その中からどのファイルを選択するかということは、単なるアイデアに止まるから、その選択によって創作性が生じるということはありえない。」

③ 「組込み手順行の順序は、選択の余地はあるものの、選択自体は単なるアイデアであり、また、選択したものをどのような順序で記述するかということによっては、表現に相違はでてくるけれども、表現方法はMS－DOSのバッチファイルで用いられている表現方法とほぼ同一であり、しかも、機能的には順序を問わないものであり、更に、疎甲第九号証によれば、組込み手順行の順序は、ほとんど組込み対象のアプリケーションプログラム等のファイルの出現順に従っているのであるから、その表現には創作性があるとは認められない。」

④ 「組込みメッセージ行は、表現の仕方に選択の余地はあるが、その表現は、通常用いられる表現方法に従って行われるものであって、その選択の幅は極めて小さいから、その表現の仕方によってIBFファイルの創作性が生じるものとも認められない。」[1]

さらに、その後の判例においては[2]、プログラムの創作性に関しては、プログラムは具体的記述において、作成者の個性が表現されていれば、

---

[1] なお、その他プログラムの創作性について言及した判例として、システムサイエンス事件抗告審決定（東京高判平成元年6月20日（判時1322号138頁））、大阪地判平成14年4月23日平成11年（ワ）12875事件（最高裁判所ホームページ、知的財産権裁判例集）等がある。
[2] 東京地判平成15年1月31日製図プログラム事件（判時1820号127頁）。

著作物として著作権法上の保護を受けるとしている。そして、プログラムの具体的記述がごくありふれたものからなる場合は、作成者の個性が発揮されていないものとして創作性がないというべきであるとする。さらに、プログラム相互の同一性を検討する際にも、プログラムの具体的記述の中で、創作性が認められる部分を対比することにより、実質的に同一であるか否か、あるいは創作的な特徴部分を直接感得することができるか否かの観点から判断すべきであるとする。

なお、プログラムは一種の技術的な創作物であり、創作性のレベルの低い陳腐なものに独占権を付与することは、第三者の自由な創作活動を阻害しかねないこととなり、著しい不利益を与えかねないとして、プログラムの著作物の創作性については、他の著作物とは異なりかつそれらよりもよりも高い創作性の基準を設け、その創作性を満たすもののみを保護すべきであるとする考えもある[1]。しかし、これに対して、プログラムについて創作性をこのように限定的に解すべき合理的根拠がなく、例え平均的プログラマーが容易に作成することができるプログラムであっても創作性を欠くとすることはできないとする判例がある[2]。

2.3 表現とアイデア

著作権法における保護の要件であるプログラムの「表現」について、アイデア（思想）との比較において以下検討する。

すでに第2章で述べたとおり、平成14年特許法改正により、特許法2条4項において、「プログラム」の定義として「電子計算機に対する指令であつて、一の結果を得ることができるように組み合わされたものをいう。」という規定が設けられた。これに対して、著作権法においては、プログラムとは「電子計算機を機能させて一の結果を得ることができるように

---

[1] 中山保護104頁。
[2] 名古屋地判平成7年3月10日（判時1554号136頁）。

これらに対する指令を組み合わせたものとして表現したものをいう。」と規定されている（著2条1項10号の2）。

これらの規定ぶりを比較して理解できるように、両者はほぼ同様の内容であり、一見すると保護客体が重複するかの印象がある。

しかし、そもそも特許法においては、プログラムが含まれる保護対象たる発明について、「自然法則を利用した技術的思想」であることが明定されている（特2条1項）。これに対して、著作権法においてはプログラムの定義においても「表現」であることが明確に規定されており、その保護対象たる著作物は「表現」であることが必要とされる（著2条1項1号）。

従って、一見すると保護対象として類似する「プログラム」についての保護も、その保護客体の実質的な内容は、特許法における「プログラム」はそのプログラムに包含される抽象的な技術的思想の創作を保護しようとするものであるのに対し、著作権法における「プログラム」は定義にもある通りそのプログラムの表現すなわち記述自体を保護しようとするものであり、両者は本質的に異なるものであるといえる。このような、プログラムの保護の特徴について図示すれば、図3－2に示すようになる。

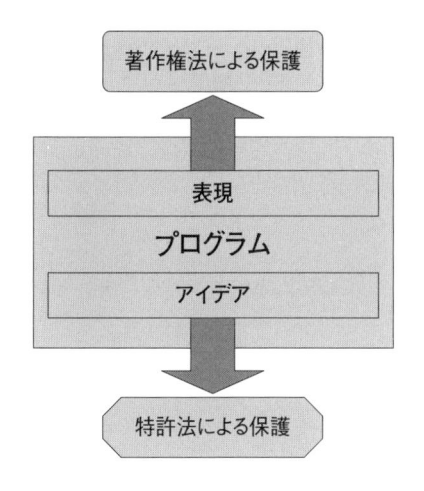

図3-2　プログラムの保護（表現とアイデア）

　この点に関して、プログラムについて直接判示したものではないが、著作物について、思想それ自体の保護が著作権法の保護の範疇に属するものでない点を判示したもの[1]、また特許法上の発明や実用新案法上の考案は思想そのものであるから著作物にはあたらないと判示したもの[2]などがある。

　従って、コンピュータ・プログラムをそのまま何ら変更を加えることなく複製（いわゆるデッドコピー）するような行為に対しては、そのプログラムの表現を保護するために著作権の効力が及ぶとともに、発明については特許権の効力が及ぶこととなる。一方、そのプログラムによりある特許発明（技術的思想）が具現化される場合は、そのプログラムを権原なく販売等する行為については、例えそれがデッドコピーでなかったとしても、その技術的思想を保護するために特許権の効力が及ぶこととなる。

---

[1] 東京地判平4年12月16日中国塩政史研究論文事件（判時1472号130頁）。
[2] 東京高判昭58年6月30日投影露光装置事件（無体裁判例集15巻2号586頁）。

2. 保護の要件

　しかし、このような場合については、話は簡単であるが、実際にはいろいろな場合が考えられる。例えば、プログラムの表現そのものは著作権法で保護されるのは良いとして、その構成（フローチャート）を真似て開発したような場合、著作権法による保護が受けられるか否かという問題がある。

　これについては、フローチャートはそのプログラムのアルゴリズムを示すものであり、すなわちそのプログラムの「思想（アイデア）」を示すものである以上、その著作権法による保護は受けられないと、通説的には考えられている。なお、フローチャートそれ自体を著作物として保護することは可能であるが、それはあくまでフローチャートの表現を保護するに過ぎない。

　このような考え方を踏襲してプログラムの開発を行う手法もある。これは、「アイソレーション・ブース」や「クリーンルーム」などと呼ばれる手法であり、他人のプログラムを解析しアルゴリズムを抽出するエンジニアと、その抽出されたアルゴリズムを見てプログラムを書くエンジニアを完全に分離してプログラムを開発するというものである[1]。

　一方、フローチャートに示される技術的な思想について特許をとることは可能である。たとえば、明細書および図面にはフローチャートとその説明しか記載されておらず一切プログラム自体は開示されていないにもかかわらず（実務的には原則として明細書・図面にソースコードを記載しない）、特許請求の範囲上の文言が「プログラム」であり、「プログラム」について特許されたものであった場合、この特許発明はそのフローチャートに示されるような技術的思想について特許を取得したものであり、すなわちその効力はその思想を具現化した生成物であるプログラムに及ぶと解すべきである。

1　中山保護125頁。なお、この手法についての問題点の指摘として田村善之「著作権法概説　第2版」有斐閣（2001年）55-56頁。

2.4 著作者
2.4.1 著作者の定義

著作権法上、著作者とは著作物を創作する者をいうとされている（著2条1項2号）。ここでいう「者」には、自然人のみでなく、会社等の法人も含まれる点で、自然人のみとされている特許法上の「発明者」と相違している。

なお、著作物の原作品に、又は著作物の公衆への提供若しくは提示の際に、その氏名若しくは名称（実名）又はその雅号、筆名、略称その他実名に代えて用いられるもの（変名）として周知のものが著作者名として通常の方法により表示されている者は、その著作物の著作者と推定するとされている（著14条）。

2.4.2 職務上作成するプログラムの著作物の著作者

法人等の発意に基づきその法人等の業務に従事する者が職務上作成するプログラムの著作物の著作者は、その作成の時における契約、勤務規則その他に別段の定めがない限り、その法人等とされる（著15条2項）。いわゆる法人著作については、法人名義での公表が要件とされているが（著15条1項）、必ずしも公表されるとは限らないプログラムの作成実態を考慮して、公表を不要としたものである。

プログラムは外注により他の開発会社により作成されることも多いが、このような場合、本規定によれば原則として開発会社側の法人著作となるものと考えられるので、実務的には、権利の帰属関係及び後述する著作者人格権の不行使に関して契約で担保する必要があると考えられる[1]。

なお、この点に関して、特許法においては、発明者は自然人のみが認められており、法人発明は認められていないという相違がある。職務発

---
1 この点の議論は中山保護61-62頁参照。また、三山裕三「著作権法詳説（新版）」（以下「三山」）レクシスネクシス・ジャパン（2004年）133-134頁参照。

明についても、その事前承継が認められるといだけであって（特35条）、あくまで発明者は自然人である従業者等となる点は注意が必要である。

3．保護を受けるための手続

3．1 無方式主義

著作権法は特許法と異なり無方式主義を採用することから、特段の出願・審査・登録といった行為を経ずして権利が発生することとなる。

つまり、例えば特許を取得するためには、所定の願書や明細書等の書類を特許庁に出願した上で、審査を受ける必要があり、その審査により新規性等の登録要件を満たしていることが確認されて初めて特許査定がなされるものである（特51条）。これに対して、著作権については、その権利の享有にいかなる方式も要求されないこととされている（著17条2項）。

ただし、プログラムは著作物として一定の創作性を要求されるものである。よって、プログラムとして完成していても、創作性が認められずに著作権法の保護を受けられないという事態も考えられる。しかし、著作権法により保護を受けられるかどうかの判断は、一般に困難であることから確実に保護を受けられるか不明確な側面もある。

これに対して、権利の予見性・安定性という意味では、特許庁において技術専門家たる審査官の審査を経て登録された特許は、なんら審査も経ないで創作という行為により発生する著作権より予見性があり、かつ安定しているとも考えられる。

3．2 登録制度

プログラム著作物については登録制度が設けられている（著76条の2第1項）。この制度は、その登録日において創作があったものと推定されるものである（著76条の2第2項）。プログラムの場合、他の著作物と異なり、開発した会社等が内部で使用したり、委託した特定のユーザだけが利用したりするなど、未公表・未発行のまま利用されることも多い点に

3．保護を受けるための手続

鑑みて設けられた規定である[1]。

しかし、たとえ登録がなされたとしても、その後の裁判で創作性が認められない場合もありうることは注意が必要である。なお、この登録の申請ができる期間は、プログラムの創作後6ヶ月以内に限られている。

3．3 プログラム著作物登録の方法

このプログラムの著作物の登録事務を、文化庁長官から指定を受けた「指定登録機関」として行っているのは、現在のところ（財）ソフトウェア情報センター（SOFTIC）だけである。このプログラムの著作物の登録の種類及び効果は次のとおりである[2]。

①創作年月日の登録

プログラム著作物の創作年月日（プログラムが完成した日）を登録するものである。公表、未公表にかかわらず登録できる。ただし、この登録を受けるためには、創作後6ヶ月以内に申請しなければならない。また、この申請は著作者のみがすることができる。

この登録により、登録した年月日に創作があったものと推定される。

②第一発行（公表）年月日の登録

発行（公表）された著作物について、その第一発行（公表）年月日を登録するものである。古いプログラムでも販売や、公衆送信（あるいは送信可能化）されていれば登録できる。また、この申請は、著作権者又は無名、変名（ペンネーム等）で公表された著作物の発行者ができる。

この登録により、登録した年月日に第一発行（公表）されたものと推定される。

1　加戸419-420頁。
2　（財）ソフトウェア情報センターホームページ「登録制度の概要」
　http://www.softic.or.jp/touroku/outline_institution.htm

③著作権の登録

　著作権に関する権利の変動を登録するものである。ただし、著作者人格権は、著作者の一身に専属し、譲渡することはできない。申請は、登録権利者及び登録義務者が共同で行う。ただし、登録義務者の承諾書が添付されているときは、登録権利者だけで単独申請できる。

　譲渡契約により著作権の移転があった場合や著作権を目的とする質権設定契約が行われた場合に、登録をすることによって第三者対抗要件が得られる。

④実名の登録

　無名又は変名で公表された著作物について、その著作者の実名を登録する。現にその著作権を有するかどうかに関らず実名の登録を受けることができる。この申請は、著作者又は著作者の遺言により指定された者ができる。

　実名が登録された者はその著作物の著作者と推定される。また、著作者が個人の場合は、登録をすることによって、保護期間が死後50年に延長される。

　登録手続の概要は以下の通りである[1]。なお、登録件数は①～④合計で年間500件程度である。登録に際しては、登録手数料として47,100円が必要になる。

登録申請事務手続きの概要
登録申請事務手続きは概ね次のような手順で行われます。詳細は「プログラム登録の手引き」をご覧ください。
【1．事前検討】

---

[1] （財）ソフトウェア情報センターホームページ「登録手続の概要」
　http://www.softic.or.jp/touroku/outline_procedure.htm

「創作年月日の登録」、「第一発行（公表）年月日の登録」、「著作権の登録」及び「実名の登録」の4種類の登録について内容、条件、効果等を踏まえ、どの登録申請を行うか検討します。

【2．準備】

次の資料を用意します。ただし、「創作年月日の登録」以外の登録の場合は、さらに関連する資料も必要です。

（1）申請書

（2）明細書

（3）プログラム著作物の複製物（マイクロフィッシュ【注】で作成します。）

（4）登録手数料納付書（47100円を指定銀行に振込み、振込証明書を添付してください。）

（5）収入印紙（登録免許税に相当する収入印紙を申請書に貼付してください。）

（6）代表者資格証明書（法人の場合）

＊（2）と（3）は、そのプログラム著作物の初回申請時にのみ必要です。

【3．申請】

資料を郵送（簡易書留）又は持参してください。当財団は、申請者に対して受付通知書を発行し、審査の後、登録します。

【4．登録完了後】

「登録済通知書」を申請者にお送りします。

「創作年月日の登録」「第一発行（公表）年月日の登録」は、毎月初めの官報に公示されます。（「実名の登録」は文化庁より官報に告示されます。）

希望者には、「登録事項記載書類」（登録原簿の謄本）を1通2400円で交付いたします。

登録済み情報は、「プログラム登録年報」や本ホームページに掲載されたり、情報検索サービスの対象となります。

4．ソフトウェアの著作権法による保護の内容

4．1 プログラムの著作者の権利の種類

　著作権は、小説や絵画、音楽からプログラムまで、各種の著作物を保護対象とする法律であるが、ここでは本書のテーマであるソフトウェアに直接関係するプログラムの著作物について、その著作権法による保護を説明する。

　まず、プログラムの著作物についての著作者の権利には、大きく分けて著作者人格権と著作権（狭義の著作権であり、著作財産権と呼ばれることもある）とがある。これを図に示すと以下の図3－3のとおりである。

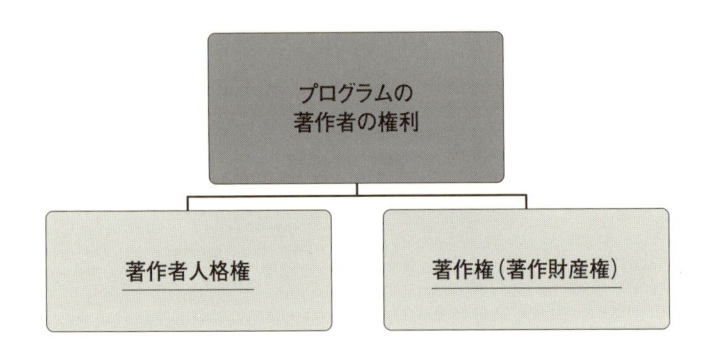

図3－3　プログラムの著作者の権利

　著作者人格権とは、著作者の人格的な権利を保護するための権利である。一方、著作権（著作財産権）とは、著作物の利用によって経済的な利益をあげる権利である。これらの権利は、いずれもさらに細かい権利（「支分権」と呼ばれることもある）に分かれており、それらが集合して束として権利を構成している。以下で、さらにこれらの権利の詳細と、プログラムの著作物についての特別に設けられた規定等について説明す

る。なお、職務上作成するプログラムについては、原則としてその作成者の属する法人等が著作者となる点は注意が必要である（著15条1項）。

4.2 プログラムの著作者人格権

プログラムの著作者には、著作者人格権として、他の著作物と同様に公表権（著18条）、氏名表示権（著19条）、同一性保持権（著20条）が認められる（図3－4参照）。

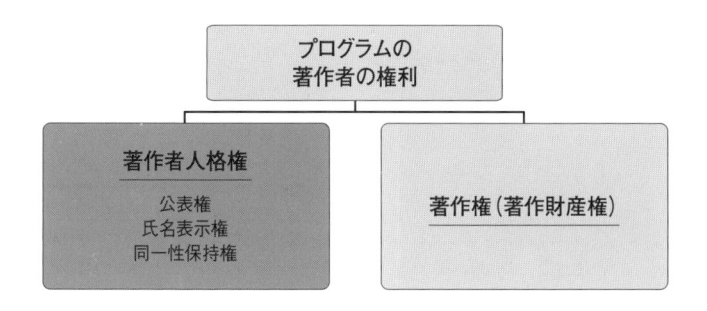

図3－4　著作者人格権に含まれる権利

4.2.1 公表権

プログラムの著作者は、その著作物であるプログラムでまだ公表されていないもの（その同意を得ないで公表された著作物も含まれる）を公衆に提供し、又は提示する権利を有する（著18条1項）。この権利を公表権という。

ただし、まだ公表されていない著作物の著作権を譲渡した場合には、その著作物をその著作権の行使により公衆に提供し、又は提示することに同意したものと推定される（著18条2項1号）。

4.2.2 氏名表示権

プログラムの著作者は、そのプログラムに、又はそのプログラムの公

衆への提供若しくは提示に際し、その実名若しくは変名を著作者名として表示し、又は著作者名を表示しないこととする権利を有する（著19条1項）。

　著作物であるプログラムを利用する者は、その著作者の別段の意思表示がない限り、その著作物につきすでに著作者が表示しているところに従って著作者名を表示することができる（著19条2項）。

　ただし、この著作者名の表示は、著作物の利用の目的及び態様に照らし著作者が創作者であることを主張する利益を害するおそれがないと認められるときは、公正な慣行に反しない限り、省略することができるとされている（著19条3項）。

4.2.3 同一性保持権

　同一性保持権とは、著作者が、その著作物及びその題号の同一性を保持する権利を有し、その意に反してこれらの変更、切除その他の改変を受けないものとする権利である（著20条1項）。

　但し、プログラムの著作物については、バージョンアップ等の一定の場合に対してまで、この同一性保持権を適用することとすると、プログラムの利用者に不都合を生ずることが考えられる。そこで、特定の電子計算機においては利用し得ないプログラムの著作物を当該電子計算機において利用し得るようにするため、又はプログラムの著作物を電子計算機においてより効果的に利用し得るようにするために必要な改変については、同一性保持権は適用されない（著20条2項3号）。

　これは、プログラムの特性として、コンピュータやオペレーティングシステムを変更することに伴うプログラムの修正や、バグを修正するためのバージョンアップに対応できるように、これらによるプログラムの改変については同一性保持権を適用しないようにしたものである。

　しかし、使用されるコンピュータ言語の変更によるプログラムの改変

は、後述する翻案とも考えられ、またバージョンアップには多くの場合には新しい機能の追加が伴うことが多く、このような場合に本規定の意義をどのように考えるかが、必ずしも明確にはされていない。

なお、この点について、本条の実質的意味は、プログラムについての著作権が著作者とは別個の人に帰属した場合、著作者の許諾を得ずに、本条の要件に合致する改変をなしうることを規定したものと解すべきとする考えもある。すなわち、著作財産権としての改変をなしうる権原（例えば翻案権）さえ取得していれば安心して改変をなしうるのであり、これは通常の経済財においては当然のことであるが、プログラムは著作物であるため、特に規定を設けて取引の安全を図ったものであるとする[1]。

4.2.4 同一性保持権とゲームソフト

この同一性保持権がゲームソフトについて争われた例がある[2]。以下この事例について紹介する。ただし、この事例は、プログラム自体の改変というよりは、ゲームのストーリーの改変が問題となった事例である。

このゲームソフトは「ときめきメモリアル」というもので、ゲームを行う主人公（プレイヤー）が架空の高等学校の生徒となり、その能力値として複数のパラメータが設定され、そのパラメータがゲームの進行中のコマンドの選択に応じて変化し、最終的に設定された登場人物の中から選択したあこがれの女生徒から、卒業式の当日、愛の告白を受けることを目指すという内容の恋愛シミュレーションゲームである。

これに対して、著作権侵害が問われたメモリーカードを用いることにより、パラメータのほとんどが極めて高い数値となり、入学当初から本来は登場し得ない女生徒が登場し、さらに、ゲームスタート時点が卒業間近の時点に飛び、その時点でストレス以外のすべての表パラメータの

---

[1] 中山保護71頁。
[2] 最高裁第三小法廷判決平成13年2月13日平成11年（受）955損害賠償等請求事件（第55巻1号87頁、最高裁ホームページ）。

数値が本来ならばあり得ない高数値に置き換えられ、かつ、憧れの女生徒から愛の告白を受けるのに必要な隠しパラメータの数値を充たすようにデータが収められており、必ず憧れの女生徒から愛の告白を受けることができるようになっている。つまり、図3－5に示すように、メモリーカードにより設定パラメータの変更を行うことにより、ゲームソフトのストーリーを改変するというものである。

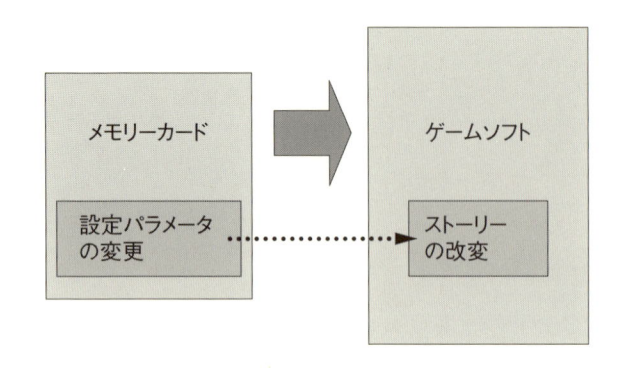

図3－5　メモリーカードとゲームソフトの関係

　結論としては、このようなメモリーカードの使用については、このゲームソフトを改変し、ゲームのストーリーを改変するものであり、同一性保持権を侵害するものと解するのが相当である旨が判示された。その理由は以下の通りである。「本件ゲームソフトにおけるパラメータは、それによって主人公の人物像を表現するものであり、その変化に応じてストーリーが展開されるものであるところ、本件メモリーカードの使用によって、本件ゲームソフトにおいて設定されたパラメータによって表現される主人公の人物像が改変されるとともに、その結果、本件ゲームソフトのストーリーが本来予定された範囲を超えて展開され、ストーリーの改変をもたらすことになるからである。」

4.3 プログラムの著作権（著作財産権）

プログラムの著作者には、著作権（著作財産権）として、複製権（21条）、公衆送信権・送信可能化権（23条）、譲渡権（26条の2）、貸与権（26条の3）、翻案権（27条）が少なくとも認められる（図3－6）。

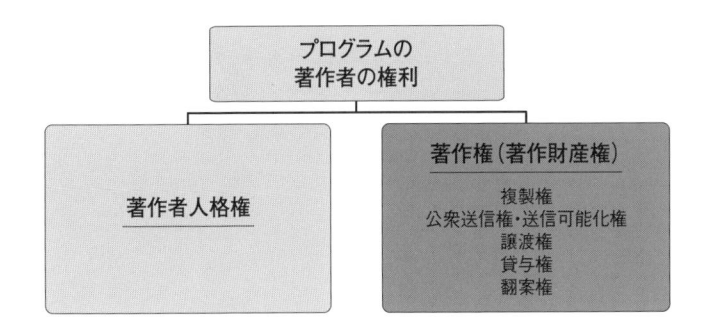

図3－6 プログラムの著作権（著作財産権）に含まれる権利

4.3.1 複製権

著作者は、その著作物を複製する権利を専有する。この権利を複製権とよぶ。すなわち、プログラムを著作者の許諾なく勝手に複製することは原則として許されない。

ただし、プログラムの著作物の複製物の所有者は、自ら当該著作物を電子計算機において利用するために必要と認められる限度において、当該著作物の複製又は翻案（これにより創作した二次的著作物の複製を含む。）をすることができる（著47条の2第1項）。

かかる規定は、プログラムの複製物の所有者にバックアップなどのために、必要な範囲において複製・翻案を認めたものである。ただし、当該利用に係る複製物の使用につき、著作権侵害行為により作成された複製物（著113条2項の規定（後述）が適用される場合）については、本規定は適用されない（著47条の2第1項但書）。

また、かかるプログラムの複製物の所有者が当該複製物（同項の規定により作成された複製物を含む。）のいずれかについて滅失以外の事由により所有権を有しなくなった後には、その者は、当該著作権者の別段の意思表示がない限り、その他の複製物を保存してはならないこととされている（著47条の2第2項）。

ここで、本規定における「必要な範囲」が必ずしも明確ではく、単なるプログラムの著作物の複製物の所有者に翻案まで認める必然性があるのか等の疑問もある[1]。

4.3.2 プログラムの複製に関する問題点

①プログラムの一時的複製

プログラムは、一般には補助記憶装置（ハードディスク装置等）に記憶され、実行時に主記憶装置に読みこまれて実行される（図3－7参照）。

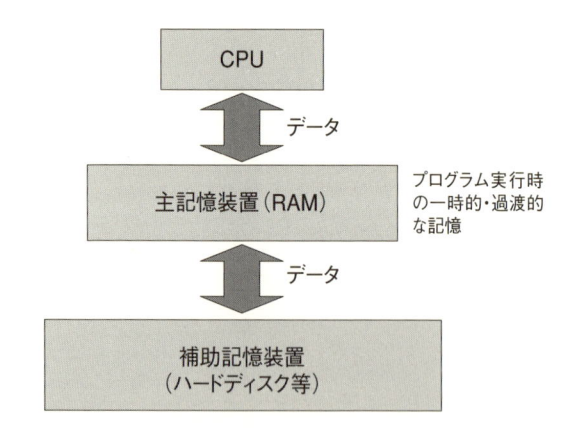

図3－7　主記憶における一時的複製行為

1　その他の問題点について中山保護74頁－90頁。

従って、明らかにこの時点でコンピュータ装置内部においてプログラムの複製が行われているものと考えられるが、わが国ではこのようなプログラム実行時の主記憶への複製行為を一時的複製行為として、著作権法上の複製概念（2条1項15号参照）に含めない解釈が支配的である。その理由を判示したものは、次のように述べている[1]。「プログラムをコンピュータ上で使用するに当たっては、これをいったんコンピュータ内のRAMに蓄積すること（ローディング）が不可欠であるから、プログラムの使用行為とそのRAMへの蓄積行為とは、不可分一体の関係にあるといえるところ、著作権法は、プログラム著作物に関して、著作者がこれを使用する権利を専有する旨の規定を置いていない。しかも、同法113条2項は、「プログラムの著作物の著作権を侵害する行為によって作成された複製物を業務上電子計算機において使用する行為は、これらの複製物を使用する権原を取得した時に情を知っていた場合に限り、当該著作権を侵害する行為とみなす。」と規定しているところ、同条項は、プログラムを使用する行為のうち、一定の要件を満たすものに限って、プログラムに係る著作権を侵害する行為とみなすというものであるから、プログラムを使用する行為一般が著作権法上本来的には著作権侵害にならないことを当然の前提としているということになる。してみると、著作権法は、プログラムの使用行為及びこれと不可分一体の関係にあるプログラムのRAMへの蓄積行為については、同法113条2項の場合を除いて、違法でないとの前提に立っているものと解されるところ、その理由は、RAMへの蓄積行為が前記のような一時的・過渡的な性質であるため、著作権法上の「複製」に当たらないことにあると解するのが相当である。」

　なお、欧米諸国ではこのような一時的な著作物の蓄積も「複製」に

---

[1] 東京地判平成12年5月16日平成10年（ワ）17018（最高裁判所ホームページ）。

該当するとした上で、一定の利用については権利が働かないという法構成を基本的には採用している[1]。

②ソースプログラムとオブジェクトプログラム

一般に、人間の理解できる高級プログラム言語で記述されたソースプログラムは、コンパイラによってコンパイルされ機械語により記述されたオブジェクトプログラムが生成される。よって、ソースプログラムをコンパイラにより機械的に変換してオブジェクトプログラムを生成する場合、図3-8に示すように一対一またはそれに近い関係にあれば、創作的行為が入らないために、オブジェクトプログラムはソースプログラムの複製物の一種とも考えられ、またそのように判示した例もある[2]。なお、本事案はより正確には高級言語より機械語に近いアセンブル言語で作成されたプログラムをコンパイルしてオブジェクトプログラムが生成された例であるが、いずれも複製と解されているところである[3]。

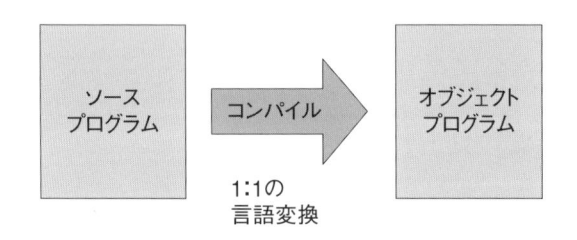

図3-8　1：1の対応関係となるコンパイルの場合

しかし、特に最近のコンピュータ・プログラミング技術においては、ソースプログラムではライブラリと呼ばれる一種のプログラムをリン

---

[1] 作花文雄「詳解著作権法第3版」(以下「作花」) ぎょうせい (2004年)、260頁。
[2] 東京地判昭和57年12月6日スペース・インベーダー・パートⅡ事件 (判時1060号18頁)。
[3] 斉藤博、半田正夫編「著作権判例百選 (第三版)」別冊ジュリスト (2001年) 第27事件 (56-57頁))。

クしていることが多くある。この場合、そのリンク先のプログラムがコンパイル時にオブジェクトプログラムに埋め込まれる場合（静的リンク、図3－9参照）と、オブジェクトプログラムの実行時にそのリンク先のライブラリを呼びにいき実行する場合（動的リンク、図3－10参照）がある。

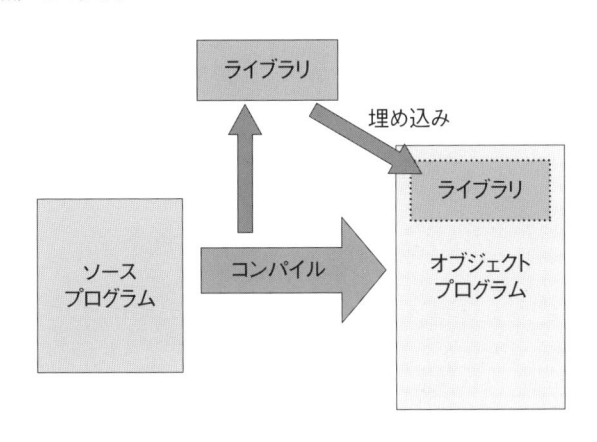

図3－9　ライブラリへの静的リンク

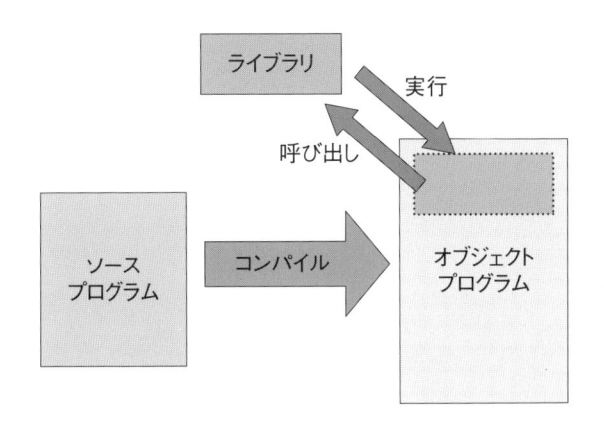

図3－10　ライブラリへの動的リンク

静的リンクの場合、元のソースプログラムのみから生成されるオブジェクトプログラムでは奏し得ない機能等がライブラリを取り込むことにより追加されることとなり、そのようなオブジェクトプログラムがソースプログラムと必ず一対一の複製の関係にあるとするのは妥当ではないと思われる。リンク先のライブラリのプログラムが創作性を有し著作物として保護されるものであれば、もとのソースプログラムは、場合によっては翻案され、又は程度によっては翻案の範囲を超えてプログラムが生成されるとも考えられる。このような場合、ライブラリはリンクして使用されることが予定されており、コンパイラによりこれらのプログラムが一体となり分離が困難なオブジェクトプログラムが生成されることとなる。よって、このように静的リンクの結果生成されるオブジェクトプログラムが、ライブラリの著作者と当該ソースプログラムの著作者との共同著作と解すことが可能な場合も生ずると考えられる[1]。

　従って、ソースプログラムをコンパイルした結果物がオブジェクトプログラムであるので、両者は複製の関係にあると単純に考えるべきでなく、コンパイルの結果が複製か、翻案か、あるいは新たなプログラムとなるかは具体的事案に応じて適切に判断する必要があると考えられる。なお、コンパイルの逆である逆アッセンブリについても同様であると考えられる。

　これに対して、動的リンクの場合は、ソースプログラムとオブジェクトプログラムは基本的に一対一の関係になると考えられ、単に実行時にリンク先のライブラリを実行することとなるので、原則として静的リンクのような問題は生じないものと考えられる。

---

[1] 中山保護38頁。

③プログラムと表示画面

　プログラム及びデータ群により作出される表示画面は、プログラムとは別途の観点から、その著作物性が評価される[1]。建築積算ソフトに関する判決[2]では、一定の配慮のもとに製作された表示画面について、著作者の知的精神活動の所産であるとしつつ、本件では創作的表現があるとは認められず、複製権の侵害は認められなかった。また、ビジネスソフトに関する判決[3]では、複数の表示画面の相互間の牽連関係に創作性が存在する場合や、個々の表示画面自体に著作物性が認められるかどうかにかかわらず表示画面の選択又は組み合わせに（配列）に創作性が認められる場合には、著作物として著作権法による保護の対象となりうるとしつつ、その複製ないし翻案として著作権侵害を認めうる場合はいわゆるデッドコピー又はそれに準ずるようなものに限られるとして、やはり著作権侵害は認められなかった。

4.3.3 公衆送信権・送信可能化権

　著作者は、その著作物について、公衆送信（自動公衆送信の場合にあつては、送信可能化を含む。）を行う権利を専有する（著23条1項）。これを公衆送信権とよぶ。

　ここで、公衆送信とは、公衆によって直接受信されることを目的として無線通信又は有線電気通信の送信を行うことをいい（著2条1項7号の2）、このような行為は原則として著作者に無断で行うことはできない。なお、近年の技術の進歩により現在の主記憶装置（RAM）の記憶容量は数年前のハードディスク装置等の補助記憶装置を超えるレベルまできており、例えば他のサーバ・コンピュータからネットワークを介してクライアント・コンピュータの主記憶装置へプログラムを読み込むことも技術的に

---

[1] 作花710-711頁。
[2] 大阪地判平成12年3月30日積算くん事件（最高裁ホームページ）
[3] 東京地判平成14年9月5日サイボウズ事件（最高裁ホームページ）

は十分可能である。そうするとサーバにプログラムをおいておき、クライアントは必要に応じて実行時に必要なプログラムを主記憶に読み込んでも、それは一時的記憶であり、複製ではないとも解されかねない。そこで、このような場合は公衆送信に含まれることとして（著2条1項7号の2かっこ書）、公衆送信権を及ぼすこととした。

また、自動公衆送信とは、公衆送信のうち、公衆からの求めに応じ自動的に行うものをいうが、放送又は有線放送に該当するものを除かれる（著2条1項9号の4）。この自動公衆送信とは、具体的にはサーバやホストコンピュータのような送信用コンピュータなどに蓄積・入力された情報を公衆のアクセスがあり次第自動的にその端末機器に送信するような、いわゆるインタラクティブ送信のことである[1]。

送信可能化とは、このインタラクティブ送信を行うための準備段階の行為である。具体的には、既にネットワークに接続されているサーバ等に情報を何らかの形で入れ込む行為、または、情報が記録等されていつでも送信できる状態にあるがネットワークに接続されていないサーバ等をネットワークに接続することによって、その中に入っている情報をインタラクティブ送信できるようにする行為である[2]（著2条1項9号の5）。これらの行為も原則として著作者に無断で行うことはできないこととなる。

著作権法において用いられるこれら公衆送信、自動公衆送信及び送信可能化の用語の関係を示せば、次に示す図3－11に示す通りである。

---

[1] 加戸37-38頁。
[2] 加戸38-43頁。

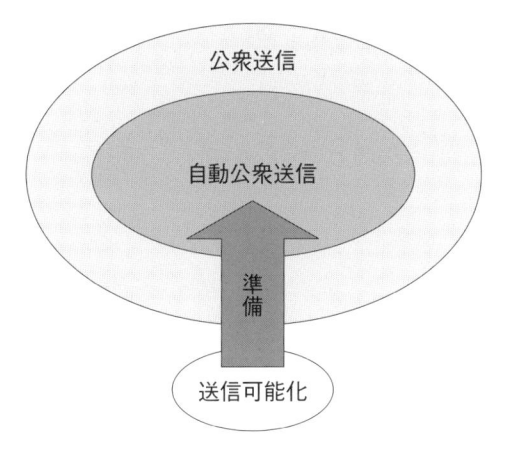

図3-11 公衆送信、自動公衆送信及び送信可能化の関係

4.3.4 譲渡権

　プログラムの著作者は、そのプログラムの著作物をその原プログラム又は複製物の譲渡により公衆に提供する権利を専有する（著26条の2第1項）。これを譲渡権とよぶ。

　さらに、この譲渡権には、いったん適法に譲渡された原プログラム等についてさらに譲渡する場合等にはこの譲渡権が及ばない旨の、いわゆる権利消尽が適用される点が明規されている（著26条の2第2項）。但し、一般に市販されているコンピュータソフト（プログラム）は、多くの場合「使用許諾契約」という形式をとり、その契約で他者への譲渡などについて制限されていることもあり、必ずしもこの消尽の規定が適用されるとは限らない点は注意が必要である。

4.3.5 貸与権

　プログラムの著作者は、そのプログラムの著作物をその複製物の貸与により公衆に提供する権利を専有する（著26条の3）。これを貸与権とよぶ。なお、この法律にいう「貸与」には、いずれの名義又は方法をもっ

てするかを問わず、これと同様の使用の権原を取得させる行為を含むものとされている（著2条8項）。

4.3.6 翻案権

プログラムの著作者には、そのプログラムについて翻案が認められる（著27条）。この翻案によりできた著作物を二次的著作物と呼ぶ。ただし、プログラムの複製物の所有者は、自ら当該著作物を電子計算機において利用するために必要と認められる限度において、当該著作物の複製又は翻案（これにより創作した二次的著作物の複製を含む。）をすることができる（著47条の2第1項）とされている。

ここで、これらの規定におけるプログラムの「翻案」の意義について述べる。そもそもこの「翻案」については、既存の著作物の内面的形式を変えずに外面的形式のみを変えることとされているが、それは著作権法が単なる表現保護手段から内容（アイデア）保護に一歩踏み込んだものとも考えられ[1]、その内容は不明確とならざるを得ない。特にプログラムにおいては、伝統的著作物と考え方を相違する面もあり一層その内容は不明確となる。このようなプログラムの翻案と、原プログラム及びそのプログラムのアルゴリズム（アイデア）の関係の概念について図示すれば次の図3－12に示すようになる。

---

[1] 中山保護84頁、155頁。

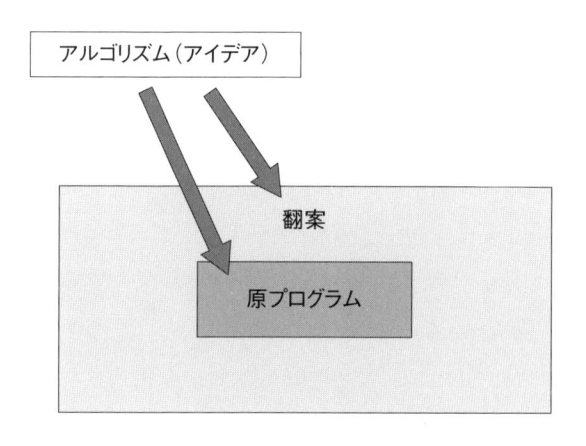

図3−12　翻案の位置づけの概念

　ただ、プログラムは実用的側面の強いものであり、かつその表現手段もプログラム言語という特定されたものを用いるものであり、さらにはその表現も効率的・合理的なものが求められることから、一定の目的を達成するための表現手段はおのずと収斂するものである。
　従って、自由な表現手段を用いて効率性や合理性も要求されない小説等の伝統的な著作物に比較して、プログラムの翻案の範囲は狭くならざるを得ないのではないかと思料する。しかし、あまりに翻案の範囲を狭く解することは、プログラム著作者の保護に欠けることともなり、そのバランスをとることは困難であろう。
　また、プログラムの複製物の所有者に認められる翻案は、自ら当該著作物を電子計算機において利用するために必要と認められる限度においてのみ認められるものであるので（著47条の2第1項）、その範囲はさらに狭く解されることとなる。
　この点に関し、プログラムの翻案と、プログラムの複製物の所有者に

認められる翻案について判示した事件[1]がある。かかる事件において、まずプログラムの翻案については、原告プログラム (1)～(4) に2個のICを同時に測定できるように、ハードウエアをつなぐ部分に改変を加えたものであると認定した被告プログラム (1)～(4) について、「原告プログラム (1)～(4) と同一の範囲にあるプログラムとはいえないが、IC測定の順序、処理内容は同一であり、原告プログラム (1)～(4) の中の命令文と同一又は微細な変更を加えた命令文が多用されているものであるから、ソフトウェアとして、原告プログラム (1)～(4) と全く異なった程度には改変がなされていないものである。したがって、被告プログラム (1)～(4) は、原告プログラムの一部を複製した上、全体としてこれを翻案したものに当たるというべき」と判示した。

次に、プログラムの複製物の所有者に認められる翻案について、「著作権法47条の2第1項は、プログラムの複製物の所有者にある程度の自由を与えないとコンピュータが作動しなくなるおそれがあることから、自らプログラムを使用するに必要と認められる限度での複製や翻案を認めたものであって、同項にいう「自ら当該著作物を電子計算機において利用するために必要な限度」とは、バックアップ用複製、コンピュータを利用する過程において必然的に生ずる複製、記録媒体の変換のための複製、自己の使用目的に合わせるための複製等に限られており、当該プログラムを素材として利用して、別個のプログラムを作成することまでは含まれないものと解される。」と判示した。

かかる判例はプログラムの翻案に関して、別個のプログラムであっても一定の範囲では翻案として認められるものの、そのような翻案の結果作成された別個のプログラムは、複製物の所有者に認められる翻案・複製（著47条の2第1項）には含まれないことを明示した点で意義のあるも

1　大阪地判平成12年12月26日平成10年（ワ）10259事件（最高裁判所ホームページ）

のと考えられる。

4.3.7 頒布権とゲームソフト

頒布権とは、映画の著作物について認められている権利であり、その複製物により頒布する権利を著作者が専有する権利である（著26条1項）。したがって、単なるプログラムの著作物については、本規定の適用はないこととなる。しかし、いわゆるゲームソフトには、映画の著作物と考えうるものもある。この点に関して、著作権法上は、映画の著作物には、映画の効果に類似する視覚的又は視聴覚的効果を生じさせる方法で表現され、かつ、物に固定されている著作物を含むものとされており（著2条3項）、判例上の解釈において[1]、いわゆるロールプレイングゲーム用のゲームソフトはこの映画の著作物に該当するとされた。その上で、この場合の映画の著作物の複製物を公衆に譲渡する権利は、いったん適法に譲渡された複製物について消尽し、その効力は、当該複製物を公衆に提示することを目的としないで再譲渡する行為には及ばないと判示されている。つまり、いわゆるゲームソフトの中古販売には、著作権の効力が及ばないことが明確となった。

4.4 著作権の侵害
4.4.1 著作権の侵害

著作権者は、以上に述べてきたような著作者人格権及び著作権を享有し、権原のない第三者が著作物を利用すれば、これらの権利を侵害することとなる。

例えば、他人のプログラムを無断で複製する行為は複製権の侵害であり、そのプログラムを無断で複製した上で修正すれば、さらに翻案権や

---

[1] 最高裁第一小法廷平成14年4月25日判決　平成13年(受)952著作権侵害行為差止請求事件(最高裁判所ホームページ)

同一性保持権の侵害となることがある。

このような侵害行為に対して権利者は、差止請求や損害賠償請求等による救済を受けることができる。

4.4.2 複製権の侵害

著作権侵害では複製権の侵害について問題となる場合が多い。ある著作物について、その複製とは、
① 原著作物への依拠
② 実質的同一性（その著作物の内容及び形式を覚知させるに足るもの再生すること）

の2つの条件を満たす必要がある。

つまり、①についていえば、原著作物に依拠しないで、独立に著作物を完成した場合には、原著作物の著作権の効力は及ばないこととなる。この点の立証は、両著作物の作成された時期などから事実上依拠したことが推定されるような場合には、被告のほうで反証を挙げてこの推定を覆すことができない限り、この要件は満たすと考えられる。ソフトウェア開発においては、このような依拠の推定を行うため、ソースプログラムにランダムに実行に無意味なコードや注釈行を入れておくことはよく行われているところである。

また、②については、完全に同一とはいえなくとも、実質的に同一であれば著作権の効力は及ぶこととなる。さらに、実質的同一の範囲を超えていても、二次的著作物と考えられるような場合は、翻案権が及ぶこととなり、著作権侵害として保護を受けうる。この翻案の範囲を超えると別個の著作物となり、原著作物の権利が及ばないこととなる。これを図示すれば次の図3－13のようになる。

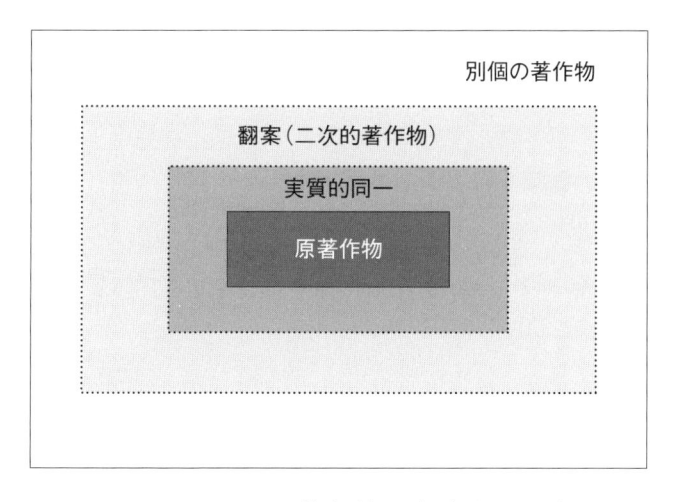

図3－13　原著作物と各権利の関係

4.4.3 著作権の権利範囲と侵害

　著作権侵害の有無の判断においては、まず、当然ながらその著作権の権利範囲、つまりどこまでが権利が及ぶ範囲かが問題となる。しかしながら、著作権は無方式主義で発生し、その権利範囲を確定する手続きは存在しない。

　従って、原プログラムとまったく同一でない限り、その権利範囲に入るのかどうかを判断する必要がある。特に、プログラムについては、機能的な要素のきわめて強いものであることから、侵害とされる権利範囲の認定はきわめて慎重に行う必要がある。

　この点に関して、システムサイエンス事件抗告審決定[1]において、「あるプログラムがプログラム著作物の著作権を侵害するものと判断し得るためには、プログラム著作物の指令の組合わせに創作性を認め得る部分があり、かつ、後に作成されたプログラムの指令の組合わせがプログラ

1　東京高判平成元年6月20日システムサイエンス事件抗告審決定（判時1322号138頁）。

ム著作物の創作性を認め得る部分に類似している事が必要であるのは当然である」とした上で、「プログラムはこれを表現する記号が極めて限定され、その体系（文法）も厳格であるから、電子計算機を機能させてより効果的に一の結果を得ることを企図すれば、指令の組合わせが必然的に類似することを免れない部分が少なくないものである。したがって、プログラムの著作物についての著作権侵害の認定は慎重になされなければならない」旨を判示した。

次に、プログラム著作物においては、翻案について検討も必要がある。まずは、プログラムのパラメータの数字を変更したり、変数の数字を変更したに過ぎないようなものの場合である。このような場合は、機能としてのコンピュータに対する指令自体は同一であり、形式的な表現の変更に過ぎないため、複製又は翻案の範囲に含まれるとして、そのような改変されたプログラムには元のプログラムの著作権が及ぶと解すべきであろう。

しかし、その翻案の範囲がどこまで及ぶかを判断することはきわめて難しい。プログラムの翻案については、プログラムのアルゴリズムは保護しないという基本的な考え方から、基本的な筋、仕組みまでも保護する小説の場合等と比較して、その権利が及ぶ範囲は狭いものと考えられる[1]。それは、プログラムが機能的な著作物であり、小説の著作物のように自由な選択の元に作成されるのではなく、一定の制約の下で作成されるものである以上当然である。しかし、いずれにせよその範囲を定めることは非常に難しく、結局は上述のような変更を行ったような場合に限られてくるのではないかと思料される。

なお、これに対して特許権においては、特許権の範囲は特許請求の範囲において明確に記載されている。従って、特許権の権利範囲に含まれ

1　文化庁著作権審議会第六小委員会中間報告（中山保護230頁以下）。

るかどうかについては、基本的には侵害品（プログラム）と特許請求の範囲の記載の比較により判断が可能であり、それ自体専門的・技術的知識が必要となり困難な作業ではあるものの、著作権に比べれば予見性もあり、比較的容易に侵害の有無が判断できるものと思料される。

　また、特許発明の権利範囲は、特許請求の範囲の記載に基づいて定められるが、この特許請求の範囲は、発明の内容を技術的思想として権利として成立する特徴部分を抽出して抽象化したものが記載されるものである。その発明が含まれるフローチャートや、それを実現したプログラムは必要に応じて実施例に記載されることになる。

　よって、これらから考えると、特許権というものは、このような技術的思想の抽象的記載である特許請求の範囲の記載に基づくものであり、その権利範囲は、プログラムそれ自体の表現を元に権利範囲が定まる著作権としての保護より広い範囲で保護されるものと考えられる。

　つまり、著作権は、無方式であり権利の発生は容易であるが、その権利範囲は不明確なものであり、権利行使についても権利範囲に含まれるかどうかの客観的かつ慎重な判断が必要となる。これに対して、特許権は出願・審査などの煩雑な手続きが必要であり、権利取得が困難であるものの、いったん権利が発生すると特許請求の範囲の記載に基いて、比較的容易に権利範囲の判断が行えるものであるといえよう。

4.4.4 著作権侵害とみなす行為

　プログラムの著作物の著作権を侵害する行為によって作成された複製物を業務上電子計算機において使用する行為は、これらの複製物を使用する権原を取得した時に情を知っていた場合に限り、当該著作権を侵害する行為とみなされる（著113条2項）。

　著作権法上、著作権者等に認められる権利とされているものについては「利用」とされるのに対し、法上の制約を受けない場合は「使用」と

される。例えば本を複製する場合は「利用」であるが、その複製された本を読むことは「使用」である。これと同様に考えれば、プログラムをコンピュータで実行する行為自体は、原則として著作権法上の制約を何ら受けないので「使用」である。

しかし、本規定はこの本来自由なプログラムの「使用」について制約を設ける規定となっている。プログラム以外の著作物においては、違法複製物の使用が大きな経済価値を生み出す場合は公衆に対して著作物を提供、提示する場合であり、これらについては公衆送信権、上映権等により適切な利益確保ができるようになっているが、プログラムの場合は公衆への提供、提示を行わないことも多いため、権利者の適切な保護を図るべく本規定を設けたものである[1]。

本規定の要件については、「使用する権原」とは何か、また「情を知って」とはどの程度のことをいうのか、またその立証の困難性など問題点は多いと考えられるが[2]、違法コピーの販売者のみでなくその購入者への威嚇的効果という点で、少なくとも意義を有する規定であると考えられる。

なお、脱法行為を防止するために、本規定の対象となる複製物には、当該複製物の所有者によって規定により作成された複製物（著47条の2第1項）並びに輸入に係るプログラムの著作物の複製物及び当該複製物の所有者によって作成された複製物（同条同項）が含まれる。

4.4.5 権利侵害に対する救済

著作者人格権や著作権が侵害されている場合、著作者又は著作権者には以下の救済措置が認められる。

①差止請求権

---

[1] 加戸647頁。
[2] 本規定の問題点については、中山保護139頁-147頁に詳細に述べられている。

著作者等は、自己の著作権等を侵害する者又は侵害するおそれがある者に対し、その侵害の停止又は予防を請求することができる（著112条1項）。

この請求をするに際し、侵害の行為を組成した物、侵害の行為によって作成された物又は専ら侵害の行為に供された機械若しくは器具の廃棄その他の侵害の停止又は予防に必要な措置を請求することができる（著112条2項）。

②損害賠償請求権

故意又は過失により、他人の著作権等を侵害した者に対しては、それによって生じた損害の賠償を請求できる（民709条）。

かかる請求をする場合、著作権等の特質に応じて、より容易にこの請求が行えるように特別の規定を著作権法上に設けている（著114条等）。

③不当利得返還請求権

著作権を有さない等、法律上の原因がないにもかかわらす、他人の財産等により利益を受け、それにより他人に損失を及ぼした者に対して、その利益の存する限度において、それを返還すること請求できる（民703条、704条）。

④名誉回復措置請求権

著作者は、故意又は過失によりその著作者人格権を侵害した者に対し、損害の賠償に代えて、又は損害の賠償とともに、著作者であることを確保し、又は訂正その他著作者の名誉若しくは声望を回復するために適当な措置を請求することができる（著115条）。

⑤侵害罪

さらに、著作権等を侵害した者等に対しては、刑事罰として侵害罪（著119条）の適用がある。

4.4.6 技術的保護手段に関するソフトウェアの著作権による保護

　デジタル化された音楽等のコンテンツの流通の活発化等に伴い、そのような著作物の無断複製を技術的に防止するために、いわゆるコピープロテクション（技術的保護手段）が使用されている。なお、著作権法においてこの技術的保護手段とは、電子的方法、磁気的方法その他の人の知覚によって認識することができない方法により、著作者人格権若しくは著作権等を侵害する行為の防止又は抑止をする手段（著作権等を有する者の意思に基づくことなく用いられているものを除く。）であつて、著作物等の利用に際しこれに用いられる機器が特定の反応をする信号を著作物等に係る音若しくは影像とともに記録媒体に記録し、又は送信する方式によるものをいうとされている（著2条20項）。

　無断複製を防止する為には、この技術的保護手段を回避させない必要がある。そこで、著作権法上においては、このようなコピープロテクションのキャンセラのような技術的保護手段の回避を防止する為に、例えば音楽用のMD等において、以下の図3－14に示すような手当てを行うこととした。なお、ここで、ＳＣＳＭ（Serial Copy Management System）とは、音楽の著作物等やレコードの無断複製を防止する技術的保護手段のことである。

第3章　ソフトウェアの著作権法による保護

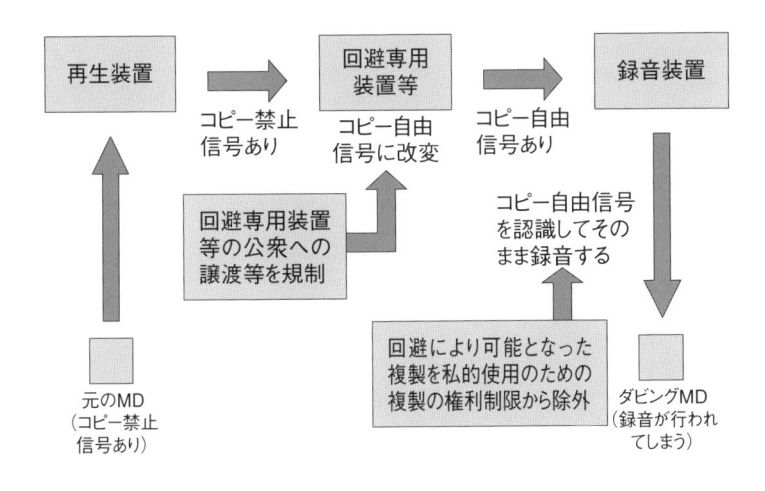

図3－14　技術的保護手段の回避（SCSMの場合）[1]

　すなわち、私的使用のための複製は原則として著作権者等の許諾を得ずに行えるが（著30条1項）、技術的保護手段の回避により可能となった複製であることを知りながら行う場合については、著作権者等の許諾を得なければ行えないこととした（著30条1項2号）。ここで、技術的保護手段の回避とは、技術的保護手段に用いられている信号の除去又は改変（記録又は送信の方式の変換に伴う技術的な制約による除去又は改変を除く。）を行うことにより、当該技術的保護手段によって防止される行為を可能とし、又は当該技術的保護手段によって抑止される行為の結果に障害を生じないようにすることをいう。

　また、技術的保護手段の回避を行うことを専らその機能とする装置（当該装置の部品一式であって容易に組み立てることができるものを含む。）若しくは技術的保護手段の回避を行うことを専らその機能とするプログラムの複製物を公衆に譲渡し、若しくは貸与し、公衆への譲渡若し

---

[1] 文化庁長官官房著作権課内著作権法令研究会、通商産業省知的財産政策室編著「著作権法・不正競争防止法改正解説」（以下「著・不解説」という）有斐閣（1999年）84頁。

くは貸与の目的をもつて製造し、輸入し、若しくは所持し、若しくは公衆の使用に供し、又は当該プログラムを公衆送信し、若しくは送信可能化した者と、業として公衆からの求めに応じて技術的保護手段の回避を行った者について、刑罰の対象とすることとした（著120条の2第1号、第2号）。

5．ソフトウェアの著作権法による国際的な保護

5.1 条約による保護

　ソフトウェアの諸外国における著作権法による国際的な保護に関連する条約として、我が国が締結しているものであって代表的なものは、文学的及び美術的著作物の保護に関するベルヌ条約（ベルヌ条約）、万国著作権条約、知的所有権の貿易関連の側面に関する協定（TRIPS協定）がある。以下、これらの条約の概要と、特にソフトウェアがどのように保護されるかを中心に説明する。

5.1.1 ベルヌ条約

　このベルヌ条約により、我が国の著作物は、他の加盟国において、その加盟国の国内の著作物の保護と同等以上の保護を受けることができる（内国民待遇の原則）。さらに、著作権の享有についていかなる方式も必要としないこととされている（無方式主義の原則）。

　従って、我が国におけるプログラム著作物は、ベルヌ条約加盟国（約180カ国）においては、特に登録等の手続きを行うことなく、その国のプログラム著作物の保護と同等またはそれ以上の保護を受けることができることとなる（図3－15参照）。

5．ソフトウェアの著作権法による国際的な保護

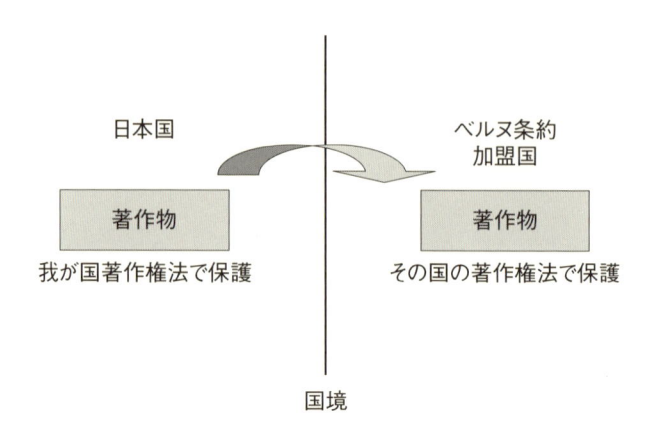

図3－15　ベルヌ条約による保護

　ただし、保護期間については、その著作物が本国で受ける限度以上の保護を他の加盟国で与える必要はないとされている（相互主義）。従って、他国において、保護期間が我が国よりも短い場合、その他国の保護期間だけ保護されることとなる。

　なお、このベルヌ条約の特別の取り決めとして、著作権に関する世界知的所有権機関条約がある。その条約の中でコンピュータ・プログラムは、ベルヌ条約2条に定める文学的著作物として保護されるとしている。さらに、その保護は、コンピュータ・プログラムの表現の方法又は形式のいかんを問わず与えられるとされている（同条約4条）。また、コンピュータ・プログラムの著作者は、当該著作物の原作品又は複製物について、コンピュータ・プログラム自体が貸与の本質的な対象でない場合を除き、公衆への商業的貸与を許諾する排他的権利を享有することとされている（同条約7条）。

5.1.2 万国著作権条約

　この条約は、著作物の保護について方式主義国と無方式主義国との橋

渡しのために成立したものであるが、現在多くの国がベルヌ条約に加盟しており、ほとんどの国において、本条約によらずとも、ベルヌ条約による保護が受けられる。

5.1.3 TRIPS協定

TRIPS協定においては、特に著作権法によるコンピュータ・プログラムの保護に関して、以下のような規定が設けられた。

①コンピュータ・プログラム（ソース・コードのものであるかオブジェクト・コードのものであるかを問わない。）は、1971年のベルヌ条約に定める文学的著作物として保護される（同協定10条1項）。

②コンピュータ・プログラムについては、加盟国は、著作者及びその承継人に対し、これらの著作物の原作品又は複製物を公衆に商業的に貸与することを許諾し又は禁止する権利を与える。コンピュータ・プログラムについては、この権利を与える義務は、当該コンピュータ・プログラム自体が貸与の本質的な対象でない場合には、適用されない（同協定11条）。

5.2 オープンソースソフトウェア（OSS）[1]
5.2.1 オープンソースソフトウェア（OSS）とは

OSSとは、ソースコードがオープン、すなわち公開されているソフトウェアである。ただし、OSSであるための条件は、これだけではない。

オープンソースの管理及び推進を行うOpen Source Initiative（OSI）の定義によれば、オープンソースであるソフトウェアの主な配布条件として、

①再配布の自由、

---
[1] OSSについての詳細は、SOFTIC（ソフトウェア情報センター）報告書「オープンソース・ソフトウエアの現状と今後の課題について」経済産業省ホームページ参照。
http://www.meti.go.jp/kohosys/press/0004397/1/030815opensoft.pdf

②ソースコードの頒布の許可、
③派生ソフトウェアの作成・配布等の許可、
④個人やグループなどに対する差別の禁止、
⑤使用する分野に対する差別の禁止、
⑥同一ライセンスの適用、
等が求められている。

　なお、上記からも明らかなように、OSSとされているソフトウェアは必ずしも無料とは限らない。OSSの条件の一つである再配布の自由（上記①）において、ソフトウェアの有償での販売を認めることとされている。また、以下に述べるGPL（OSSライセンスの一種）においては必要な経費や手数料をとることも認められている。

5.2.2 OSSとフリーソフトウェアの関係

　フリーソフトウェアとは、1980年代に始まったフリーソフトウェア運動によって登場した用語である。この「フリーソフトウェア」とは、「自由な」ソフトウェア、すなわちソフトウェアの利用や再配布、ソースコードの入手・改変・再配布の自由を確保したソフトウェアである。このフリーソフトウェアの思想を保ちつつ、ソースコードを公開して自由に改変を認めるフリーソフトウェアの開発手法に着目したのがOSSであるといえる。

　このOSSに関してよく言われる言葉に「コピーレフト」というものがある。この「コピーレフト（copyleft）」とは、英語で著作権を意味する「コピーライト（copyright）」の反対の考え方ということでつけられた名前である。これは、簡単に言えば、フリーソフトウェアのソースコードの著作者は、著作権を放棄せずに保持する代わりに、その著作権のライセンス条件としてフリーソフトウェアの条件を課すようにして、そのポリシーを守ろうとするものである（図3-16参照）。このライセンス

条件を課すために、後述するようなGPLに代表されるOSSのライセンスが用いられている。

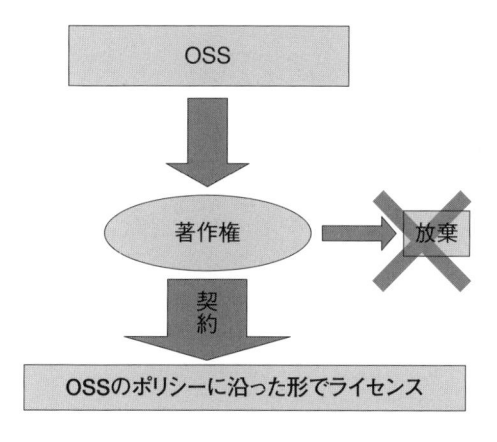

図3－16　コピーレフトの考え方

5.2.3 OSSのメリット

　OSSのメリットとしては、開発コスト及び開発時間の大きな削減を図ることができるといわれている。すなわち、ソースコードを公開して、その改良の自由を認めることにより、いろいろな国からいろいろな人が参加してそのコードの改良をすることが可能となり、かつそれらの人の参加はボランティアベースで行われるために、時間と費用が大きく削減されるというものである。

　また、開発に参加しないユーザーのメリットの第一は、無償又は比較的安価にソフトウェアを購入することができることにある。さらに、欠陥修正や新しい技術への対応が比較的迅速になされ、その結果、比較的安定したバージョンを入手することができるといったことが考えられる。これに対して、保守が困難、保証が一切ない等、ユーザーにとってOSSのデメリットも多くある。

5.2.4 OSSとライセンス

OSSとして現在最も著名なものはLinux（オペレーティングシステム）であるが、OSSはそれに限られない。他にも、たとえばApache（WWWサーバ・ソフト）、Sendmail（メール・サーバ・ソフト）、Samba（サーバ・ソフト）、Mozilla（ブラウザ）、MySQL（リレーショナルデータベース）などがある。

OSSのライセンスとして最も有名でかつ重要なのはLinuxで用いられるGPL（GNU general public license）である。この他にもOSSのライセンスは多数存在し、OSIによれば、OSSライセンスは58種類あげられている[1]。

これには、たとえば、Xライセンス、BSD（Berkeley Software Distribution）、MPL（Mozilla Public License）等のほか、コンピュータメーカー作成したOSSライセンス（Sun Public License、IBM Public License等）もある。また、GPLを若干変更したものとしてLGPL（Lesser GPL）もある。

これらのOSSライセンスの中には、例えばGPLのようにきわめて条件の厳しいものもあれば、BSDライセンスのように比較的条件がゆるいものもあり、それらの内容や条件の厳しさについてはまったく一概には言うことはできない。

もし、OSSを使用したい、または開発に参加したいというような場合、必ずそのOSSのライセンスを確認する必要がある。

5.2.5 OSSと我が国著作権法

このようなOSSの我が国における使用については、我が国著作権法が原則として適用されることとなる。

---

1 OSIホームページhttp://www.opensource.org/licenses/index.php
　なお、OSIの認めるOSSライセンスはこのHPから入手することができる。

この場合において、プログラムの著作物については、一般には、著作物の「使用」については著作権の侵害を構成しないことは著作権法の原則からして明らかである。ただし、違法なコピーをされたプログラムを、そのプログラムの使用する権原を取得したときに違法コピーであることを知って業務上使用するような場合に限っては侵害行為とみなされる（著113条2項）。

　この規定に関して、OSSについて検討すると、例えば、OSSの中に違法コピーが含まれていたとしても、そのプログラムを入手したユーザーは、使用開始時にそのような事情を知らなければ、本規定（著113条2項）の適用を受けることはなく、少なくとも他人の著作権からは自由にそのプログラムを使用することは可能であると考えられる。

　よって、この意味においては、本規定はオープン・ソース・プログラムの普及の一助となる規定ではないかとも考えられる。ただし、特許権についてはこのような規定はなく、業として使用する場合にはユーザーに対しても権利行使をなされる場合も考えられる。

第4章 ソフトウェアのその他の知的財産法による保護

1．ソフトウェアの不正競争防止法による保護

1.1 営業秘密としてのソフトウェアの保護
1.1.1 ソフトウェアと営業秘密

　営業秘密とは、秘密として管理されている生産方法、販売方法その他の事業活動に有用な技術上又は営業上の情報であって、公然と知られていないものをいうとされている（不競法2条6項）。このような営業秘密は「トレードシークレット」等とよばれることもある。この言葉から、営業秘密とは、顧客情報や販売ノウハウなどビジネス上の情報のみが保護されるような印象があるが、定義の通り、生産方法等の技術上の情報でも保護を受けることは可能である。

　営業秘密として不正競争防止法によって保護を受けるためには、上記の定義から導き出される通り、
① 秘密管理性・・・秘密として管理されていること
② 有用性・・・生産方法、販売方法その他の事業活動に有用な技術上又は営業上の情報であること
③ 非公知性・・・公然と知られていないものであること
の3つの要件を全て満たすことが必要である。

　これをソフトウェアについて検討してみる。ソフトウェアは、一般には実行可能ファイルの形式で提供されており、ソースプログラムは一般向けに市販などされていない場合が多い。また、いわゆる逆コンパイル等の行為によりソースコードを生成することは、通常は契約において禁止されており、かつ著作権法上も複製権の侵害となりうると考えられている。

従って、このような要件①～③を満たすようなソースプログラムについては、営業秘密によって保護を受けることが有効である場合もあると考えられる。そのためには、ソースプログラムの管理において、上記の3要件が満たされるように、適切な管理を徹底する必要がある。

すなわち、この秘密管理性を担保するために、ソースプログラムを秘密に管理する意図を明らかにし、かつそれが客観的に認識できるように、ソースプログラムには「社外秘」等の記載を必ず入れることを徹底する必要がある。よって、外部のソフトウェアハウスなどにプログラミングを依頼するような場合、機密保持契約の締結が必要である。

有用性については、そのソースプログラムを用いて事業活動を行っていれば、有用性は認められると考えられる。例えば、そのソースプログラムをコンパイルした実行可能プログラムを販売している場合や、それにより営業情報システムを構築して事業活動を行っているような場合等である。

さらに、非公知性については、市販のプログラムについては契約上において逆コンパイルの禁止を明確にし、また、ソースプログラムにアクセスしようとする者には守秘義務を課す必要がある。さらに、既に発行されている書物等から容易に導き出せない情報であることが必要であり、例えばそのプログラムに含まれる発明について論文発表や特許出願するような場合、ソースコードの記載等がないように、その内容には十分な注意が必要である。

1.1.2 営業秘密についての不正競争行為

このようにして営業秘密に該当する場合、以下に示すような行為は、不正競争行為に該当するとされ（不競法2条1項4号～9号）、これらの行為に対しては、差止請求（不競法3条）、損害賠償請求（不競法4条）、さらには信用回復措置（不競法14条）等の救済を受けることができる。以下、

その不正競争行為とされる行為（不競法2条1項）について、例とともに説明する[1]。

①窃取、詐欺、強迫その他の不正の手段により営業秘密を取得する行為（以下「不正取得行為」という。）又は不正取得行為により取得した営業秘密を使用し、若しくは開示する行為（秘密を保持しつつ特定の者に示すことを含む。以下同じ。）（不競法2条1項4号）
（例1）：従業員が会社の保管する営業秘密を窃取し、産業スパイに交付する行為
（例2）：百貨店勤務のコンピュータ技術者が会社の顧客名簿の入力された磁気テープを盗み出し社外のリスト販売会社に売却し不正な利益を得た行為

②その営業秘密について不正取得行為が介在したことを知って、若しくは重大な過失により知らないで営業秘密を取得し、又はその取得した営業秘密を使用し、若しくは開示する行為（不競法2条1項5号）
（例）：会社の営業秘密を窃取した従業員から、産業スパイが当該機密文書を受け取る行為

③その取得した後にその営業秘密について不正取得行為が介在したことを知って、又は重大な過失により知らないでその取得した営業秘密を使用し、又は開示する行為（不競法2条1項6号）
（例）：営業秘密を取得した後に、産業スパイ事件が大々的に報道されて不正取得行為が介在していた事実を知りながら、営業秘密を使用又は開示する行為

---

1 経済産業省知的財産政策室編著「逐条解説不正競争防止法（平成15年改正版）」（以下「不解説」）有斐閣（2003年）55-60頁。

④営業秘密を保有する事業者（以下「保有者」という。）からその営業秘密を示された場合において、不正の競業その他の不正の利益を得る目的で、又はその保有者に損害を加える目的で、その営業秘密を使用し、又は開示する行為（不競法2条1項7号）

(例)：通信販売業を営む企業の取締役が、在職中に同業の会社を設立したうえ、もとの企業の従業員に営業秘密を持ち出させて、当該営業秘密を使用して通信販売業を行った行為

⑤その営業秘密について不正開示行為（前号に規定する場合において同号に規定する目的でその営業秘密を開示する行為又は秘密を守る法律上の義務に違反してその営業秘密を開示する行為をいう。以下同じ。）であること若しくはその営業秘密について不正開示行為が介在したことを知って、若しくは重大な過失により知らないで営業秘密を取得し、又はその取得した営業秘密を使用し、若しくは開示する行為（不競法2条1項8号）

(例)：A社の従業員が在職中に同種の営業を営むB社の設立に参画し、退職時に元の企業から無断で持ち出したA社の製造技術に関する営業秘密を開示した場合に、B社がその従業員がその営業秘密に関して機密保持義務を負っていることを知りながら機密漏洩行為をさせて使用している行為

⑥その取得した後にその営業秘密について不正開示行為があったこと若しくはその営業秘密について不正開示行為が介在したことを知って、又は重大な過失により知らないでその取得した営業秘密を使用し、又は開示する行為　（不競法2条1項9号）

(例)：営業秘密を取得した後に、保有者から警告を受けて不正開示

行為が介在していた事実を知りながら、営業秘密を使用又は開示する行為

さらに、営業秘密に関する一定の行為に対しては刑事罰の適用がある(不競法20条1項4号ないし9号)。

1.2 技術的制限手段としてのソフトウェアの保護

　音楽、映像やプログラム等を営業する事業者は、無断コピーや無断アクセスを防止する技術を用いて、CD-ROM等の媒体に記録されたコンテンツやネットワーク上で伝送されるコンテンツに、対価が支払われなければコピーを作成できない、あるいは視聴等できないように、コピー管理技術やアクセス管理技術（これらを「技術的制限手段」という）を施すようになっており、そのために資金・労力を投入している[1]。

　なお、法上は「技術的制限手段」とは、電磁的方法（電子的方法、磁気的方法その他の人の知覚によって認識することができない方法をいう。）により影像若しくは音の視聴若しくはプログラムの実行又は影像、音若しくはプログラムの記録を制限する手段であって、視聴等機器（影像若しくは音の視聴若しくはプログラムの実行又は影像、音若しくはプログラムの記録のために用いられる機器をいう。以下同じ。）が特定の反応をする信号を影像、音若しくはプログラムとともに記録媒体に記録し、若しくは送信する方式又は視聴等機器が特定の変換を必要とするよう影像、音若しくはプログラムを変換して記録媒体に記録し、若しくは送信する方式によるものをいうとされている（不競法2条7項）。

　近年、このような技術的制限手段を無効化する行為や、無効化機器やプログラムといったものを提供する行為が行われるようになってきてお

---

[1] 不解説192頁。

り、このような行為から、コンテンツ提供事業者を適切に保護する必要がある。

そこで、このような機器やプログラムを含め、技術的制限手段について以下の①②のような行為を不正競争行為とし、これらに該当する行為により営業上の利益が害され又は害されるおそれのあるときは、その不正競争行為を行う者に対して、差止請求（不競法3条）、損害賠償請求（不競法4条）等を行うことができることとした。なお、ここで「プログラム」とは、電子計算機に対する指令であって、一の結果を得ることができるように組み合わされたものをいうとされている（不競法2条8項）。なお、この法律上は「物」には、プログラムを含むものとされている（不競法2条10項）。

① 「営業上用いられている技術的制限手段（他人が特定の者以外の者に影像若しくは音の視聴若しくはプログラムの実行又は影像、音若しくはプログラムの記録をさせないために用いているものを除く。）により制限されている影像若しくは音の視聴若しくはプログラムの実行又は影像、音若しくはプログラムの記録を当該技術的制限手段の効果を妨げることにより可能とする機能」について、以下の行為が不正競争行為となる（不競法2条1項10号）。

・その機能のみを有する装置（当該装置を組み込んだ機器を含む。）を譲渡し、引き渡し、譲渡若しくは引渡しのために展示し、輸出し、若しくは輸入する行為

・その機能のみを有するプログラム（当該プログラムが他のプログラムと組み合わされたものを含む。）を記録した記録媒体を譲渡等する行為

・その機能のみを有するプログラム（当該プログラムが他のプログラムと組み合わされたものを含む。）を記憶した機器を譲渡等する

行為
- その機能のみを有するプログラムを電気通信回線を通じて提供する行為

　これらには、具体的には、映画ビデオにコンテンツとともに記録されている信号を用いて、当該コンテンツの録画を制限するマクロビジョン方式や、所定の手続を踏んで製造、販売されている視聴機器以外の機器では解読できない形でコンテンツを暗号化している方式に対して、それらの技術の効果を妨げるキャンセラーを販売等する行為等が該当する[1]。

② 「他人が特定の者以外の者に影像若しくは音の視聴若しくはプログラムの実行又は影像、音若しくはプログラムの記録をさせないために営業上用いている技術的制限手段により制限されている影像若しくは音の視聴若しくはプログラムの実行又は影像、音若しくはプログラムの記録を当該技術的制限手段の効果を妨げることにより可能とする機能」について、以下の行為が不正競争行為となる（不競法2条1項11号）。
- その機能のみを有する装置（当該装置を組み込んだ機器を含む。）を譲渡し、引き渡し、譲渡若しくは引渡しのために展示し、輸出し、若しくは輸入する行為
- その機能のみを有するプログラム（当該プログラムが他のプログラムと組み合わされたものを含む。）を記録した記録媒体を譲渡等する行為
- その機能のみを有するプログラム（当該プログラムが他のプログラムと組み合わされたものを含む。）を記憶した機器を譲渡等する行為

---

[1] 著・不解説236頁。

1．ソフトウェアの不正競争防止法による保護

・その機能のみを有するプログラムを電気通信回線を通じて提供する行為

これらには、具体的には、衛星放送あるいは有料ケーブルテレビジョン放送におけるペイパービューサービス等契約者以外の者によってはスクランブルを解除できないように暗号が施されているものに対して、この技術を妨げるスクランブル解除装置を販売等する行為等が該当する[1]。

1．3 ゲームソフトの商品形態表示としての保護

他人の商品等表示（人の業務に係る氏名、商号、商標、標章、商品の容器若しくは包装その他の商品又は営業を表示するものをいう。）として需要者の間に広く認識されているものと同一若しくは類似の商品等表示を使用等する行為も、不正競争行為とされている（不競法2条1項1号）。

ゲームソフトについても、そのゲームソフトによる撮像及びゲームの進行に応じた撮像の変化の態様が、出所表示機能を有するに至った場合、そのゲームソフトの映像等は商品等表示として需要者の間に広く認識されているとして、不正競争防止法の保護対象となる場合がある[2]。

ただし、ゲーム影像とその変化の態様は、それ自体が商品の出所表示を本来の目的とするものではないから、ゲーム影像及びその変化の態様が商品等表示と認められるには、当該ゲーム影像及びその変化の態様が、ゲームタイトル等の本来の商品等表示と同等の商品等表示機能を備えるに至り、商品等表示として需要者から認識されることが必要であると解するのが相当である[3]。より具体的には、そのゲームの影像やその変化の態様が、ゲームタイトルに代え、あるいはゲームタイトルと同様に商品を表示するものとして用いられていると認められるような場合や、需要者が、特定の影像及びその変化の態様を、全体としてあるいは特定の影

1　著・不解説237頁。
2　東京地判昭和57年9月27日（無体集14巻3号593頁）
3　東京高判平成16年11月24日平成14年（ネ）6311 不正競争民事訴訟事件（最高裁ホームページ）

像において、他に例を見ない独創的な特徴を有するものと認識していたと認められるような場合には、このような商品等表示として需要者から認識されていたとして保護を受けられることがあると考えられる。

2．ソフトウェアの商標法による保護

2.1 保護対象

　商標とは、一般には自己と他人の商品や提供するサービスの識別標識として用いられるものである。

　法上は、「商標」とは、文字、図形、記号若しくは立体的形状若しくはこれらの結合又はこれらと色彩との結合であつて、業として商品を生産し、証明し、又は譲渡する者がその商品について使用をするもの等をいうとされている（商2条1項）。

　ソフトウェアについては、「電子計算機用プログラム」という商品（第9類）として保護を受けることが可能である。従って、ＯＳ用のプログラムやワープロ用プログラム等については、その商品名を商標、商品を「電子計算機用プログラム」と指定して保護を受けることが可能である。

2.2 保護を受けるための手続と保護の内容

　商標法による保護を受けるためには、所定の書類によって特許庁に出願をし、審査を受けた上で商標登録される必要がある。

　登録を受けるためには、自己の業務に係る商品について使用をする商標であることをはじめ、その他の登録要件を満たす必要がある（商3条、4条等）。

　商標登録により商標権が発生し、その登録を受けた商標について権利者は、権原なき第三者の一定の使用行為について商標権侵害として、差止請求、侵害賠償請求等の権利行使が可能となる。

<資料1>
コンピュータ・ソフトウエア関連発明の審査基準

特許・実用新案審査基準

第VII部 特定技術分野の審査基準

第1章 コンピュータ・ソフトウエア関連発明
 1. 明細書の記載要件
 2. 特許要件
 (3. 事例は省略)

(特許庁ホームページ
http://www.jpo.go.jp/shiryou/kijun/kijun2/tukujitu_kijun.htm より転載)

＜資料1＞コンピュータ・ソフトウエア関連発明の審査基準

本章では、コンピュータ・ソフトウエア関連発明、すなわち、その発明の実施にソフトウエアを必要とする発明（以下「ソフトウエア関連発明」という。）に関する出願の審査に際し、特有な判断、取扱いが必要な事項を中心に説明する。

なお、明細書（特許請求の範囲、発明の詳細な説明）の記載要件、特許要件のうち特許法上の「発明」であることの判断及び進歩性の判断に関して、本章で説明されていない事項については、第Ⅰ部乃至第Ⅱ部を参照。

この審査基準で用いられる用語の説明
情報処理……使用目的に応じた情報の演算又は加工をいう。
ソフトウエア……コンピュータの動作に関するプログラムをいう。
プログラム……コンピュータによる処理に適した命令の順番付けられた列からなるものをいう。ただし、プログラムリスト（以下に説明のもの）を除く。
プログラムリスト……プログラムの、紙への印刷、画面への表示などによる提示そのものをいう。
プログラムを記録したコンピュータ読み取り可能な記録媒体……プログラムのインストール、実行、プログラムの流通などのために用いられる、プログラムが記録されたコンピュータで読み取り可能な記録媒体をいう。
手順……所定の目的を達成するための、時系列的につながった一連の処理又は操作をいう。
データ構造……データ要素間の相互関係で表される、データの有する論理的構造をいう。
ハードウエア資源……処理、操作、又は機能実現に用いられる物理的装置又は物理的要素をいう。例えば、物理的装置（金物）としてのコンピュータ、その構成要素であるCPU、メモリ、入力装置、出力装置、又はコンピュータに接続された物理的装置。

1. 明細書の記載要件

1.1 特許請求の範囲の記載要件
　ソフトウエア関連発明においては、特許請求の範囲の記載要件の中でも、特に、発明のカテゴリーについて特有な判断、取扱いが必要であることから、このことを中心に説明する。

1.1.1 ソフトウエア関連発明のカテゴリー
（1）方法の発明
　　ソフトウエア関連発明は、時系列的につながった一連の処理又は操作、すなわち「手順」として表現できるときに、その「手順」を特定することにより、「方法の発明」（「物を生産する方法の発明」を含む）として請求項に記載することができる。
（2）物の発明
　　ソフトウエア関連発明は、その発明が果たす複数の機能によって表現できるときに、それらの機能により特定された「物の発明」として請求項に記載することができる。
　　なお、プログラムやデータについては以下のように記載することができる。
　（a）プログラムを記録したコンピュータ読み取り可能な記録媒体、又は記録されたデータの構造によりコンピュータが行う処理内容が特定される「構造を有するデータを記録したコンピュータ読み取り可能な記録媒体」は、「物の発明」として請求項に記載することができる。

例1：	コンピュータに手順A、手順B、手順C、…を実行させるためのプログラムを記録したコンピュータ読み取り可能な記録媒体第Ⅶ部第1章コンピュータ・ソフトウエア関連発明
例2：	コンピュータを手段A、手段B、手段C、…として機能させるためのプログラムを記録したコンピュータ読み取り可能な記録媒体
例3：	コンピュータに機能A、機能B、機能C、…を実現させるためのプログラムを記録したコンピュータ読み取り可能な記録媒体
例4：	A構造、B構造、C構造、…を有するデータが記録されたコンピュータ読み取り可能な記録媒体

　（b）コンピュータが果たす複数の機能を特定する「プログラム」は、「物の発明」として請求項に記載することができる。

例5：	コンピュータに手順A、手順B、手順C、…を実行させるためのプログラム
例6：	コンピュータを手段A、手段B、手段C、…として機能させるためのプログラム
例7：	コンピュータに機能A、機能B、機能C、…を実現させるためのプログラム

1.1.2 留意事項
（1）請求項の末尾が「プログラム」以外の用語であっても、出願時の技術常識を考慮すると、請求項に係る発明が、コンピュータが果たす複数の機能を特定する「プログラム」であることが明確な場合は、「プログラム」として扱う。ただし、

<資料1>コンピュータ・ソフトウエア関連発明の審査基準

(a) 「プログラム信号（列）」又は「データ信号（列）」として特許請求された場合は、「物の発明」か「方法の発明」かが特定できないので、第36条第6項第2号違反となる。
(b) 「プログラム製品」や「プログラムプロダクト」等として特許請求された場合は、「製品」や「プロダクト」等の技術的範囲の明確でない用語を用いているために、請求項に係る発明を明確に把握することができないので、第36条第6項第2号違反となる。ただし、発明の詳細な説明中に当該用語の持つ意味から逸脱しない範囲で当該用語の定義を記載することにより、当該用語の技術的範囲を明確にしている場合には、この限りではない。

(2) 請求項の末尾が「方式」又は「システム」の場合は、「物」のカテゴリーを意味する用語として扱う。（第Ⅰ部第1章2.2.2.1.参照）

1.1.3 発明が明確でない例

第36条第6項第2号は「特許を受けようとする発明が明確であること」を規定している。次の場合には、発明は不明確であり、第36条第6項第2号違反となる。

(1) 請求項の記載自体が不明確である結果、発明が不明確となる場合。（第Ⅰ部第1章2.2.2.1.参照）

例1…	（請求項に係る発明）	コンピュータを用いて、顧客からの商品の注文を受け付けるステップと、注文された商品の在庫を調べるステップと、該商品の在庫がある場合には該商品が発送可能であることを前記顧客に返答し、該商品の在庫がない場合には該商品が発送不能であることを前記顧客に返答するステップを実行する受注方法。
	（説明）	「コンピュータを用いて、…ステップ」という表現では、各ステップにおける動作の主体が特定されたことにならないために、「コンピュータを（計算道具として）用いて、（人間がコンピュータを操作して）顧客からの商品の注文を受け付けるステップと、（人間がコンピュータを操作して）注文された商品の在庫を調べるステップと、該商品の在庫がある場合には該商品が発送可能であることを（人間がコンピュータを操作して）前記顧客に返答し、該商品の在庫がない場合には該商品が発送不能であることを（人間がコンピュータを操作して）前記顧客に返答するステップを実行する受注方法」という「コンピュータという計算道具を操作する方法」とも、「コンピュータを用いて（構築された受注システムにおいて）、（コンピュータが備える手段Aが）顧客からの商品の注文を受け付けるステップと、（コンピュータが備える手段Bが）注文された商品の在庫を調べるステップと、該商品の在庫がある場合には該商品が発送可能であることを（コンピュータが備える手段Cが）前記顧客に返答し、該商品の在庫がない場合には該商品が発送不能であることを（コンピュータが備える手段Cが）前記顧客に返答するステップを実行する受注方法」という「コンピュータ・ソフトウエアによる情報処理方法」とも解釈できる。したがって、本来別々の請求項に記載すべき「コンピュータという計算道具を操作する方法」及び「コンピュータ・ソフトウエアによる情報処理方法」という異なる概念を一の請求項に含んでいるために、請求項に係る発明を明確に把握することができない。

例2…	（請求項に係る発明）	（備考）第36条第6項第2号の趣旨からみれば、一の請求項から一の発明が明確に把握できることが必要である。詳しくは、第Ⅰ部第1章2.2.2.1.(4)①等を参照。 顧客からの商品の注文を受け付ける受注手段と、注文された商品の在庫を調べる在庫調査手段と、該商品の在庫がある場合には該商品が発送可能であることを前記顧客に返答し、該商品の在庫がない場合には該商品が発送不能であることを前記顧客に返答する顧客応対手段とを備えたプログラム。
	（説明）	「プログラム」は、コンピュータを手段として機能させるものではあるが、「プログラム」そのものが「手段」として機能するものではない。したがって、「プログラム」そのものが機能手段を備えていることはあり得ず請求項に係る発明を明確に把握することができない。なお、請求項に係る発明が、「コンピュータを、顧客からの商品の注文を受け付ける受注手段と、注文された商品の在庫を調べる在庫調査手段と、該商品の在庫がある場合には該商品が発送可能であることを前記顧客に返答し、該商品の在庫がない場合には該商品が発送不能であることを前記顧客に返答する顧客応対手段として機能させるためのプログラム」であれば、コンピュータを手段として機能させるものであることが明確である。

(2) 発明を特定するための事項の技術的意味が理解できない結果、発明が不明確となる場合。（第Ⅰ部第1章2.2.2.1 (2) ②参照）

例3…	（請求項に係る発明）	右脳推論規則を用いてパズルを解くコンピュータ。 （発明の詳細な説明中には「右脳推論規則」の定義は記載されていない。）
	（説明）	「右脳推論規則」は、発明の詳細な説明中には定義が記載されておらず、出願時の技術常識でもないから、発明を特定するための事項の技術的意味が理解できないので、明確ではない。

(3) 発明を特定するための事項どうしの技術的な関連がない結果、発明が不明確となる場合。（第Ⅰ部第1章2.2.2.1 (3) ④参照）

例4…	（請求項に係る発明）	特定のコンピュータ・プログラムを伝送している情報伝送媒体。
	（説明）	情報伝送媒体とは、通常、通信網などの情報を伝送する機能を有する媒体を意味する。そして特定のコンピュータ・プログラムがいずれかの時間に伝送媒体のどこかにのって伝送されているとするだけでは、「物」としての伝送媒体を技術的に特定したことにはならず、技術関連がないので、明確ではない。

(4) 特許を受けようとする発明の属するカテゴリー（物の発明、方法の発明、物を生産する方法の発明）が不明確であるため、又は、いずれのカテゴリーともいえないものが記載されているために、発明が不明確となる場合。（第Ⅰ部第1章2.2.2.1.参照）

例5…	（請求項に係る発明）	コンピュータに手順A、手順B、手順C、…を実行させるためのプログラム信号列。
	（説明）	「物の発明」であるのか「方法の発明」であるのかが特定できないので、明確ではない。

(5) 範囲をあいまいにする表現がある結果、発明の範囲が不明確な場合。(第Ⅰ部第1章2.2.2.1.参照)

例6‥	(請求項に係る発明)	字句解析を高速に行う手段と構文解析を行う手段とを有し、両手段は並列に実行可能であるコンパイラ装置。
	(説明)	技術常識を考慮しても、「高速」という比較の基準又は程度が不明確な表現があるため、発明の範囲が不明確である。 なお、「字句解析を行う手段と構文解析を行う手段とを有し、…」と記載することにより明確にすることができる。

(6) 発明を特定するための事項に達成すべき結果が含まれているときに、請求項に記載された発明を特定するための事項及び出願時の技術常識を考慮しても、発明の範囲に属する具体的なもの(具体的な手段、具体的な物、具体的な工程など)が想定できない場合。(第Ⅰ部第1章2.2.2.1 (6) ③ (ii) 参照)

例7‥	(請求項に係る発明)	ダウンバースト現象の発生を事前に予測する航空機管制用コンピュータ。 (注) ダウンバースト現象とは、乱雲の底から爆発的に吹き下ろす気流及び当該気流が地表に衝突して吹き出す破壊的な気流をいう。通常、積乱雲の下で発生するが、雄大積雲や塔状積雲の下で発生することもある。
	(説明)	出願時の技術常識を考慮しても、ダウンバースト現象の発生を事前に予測することができる具体的なコンピュータを想定することができない場合、発明の内容は不明確となる。このような事項でしか詳細な説明に記載されている発明をより明確に特定することができないとは、通常いえない。 なお、請求項記載の発明を、詳細な説明に記載されている具体的なものにより特定する場合は、発明は明確である。

1.2 発明の詳細な説明の記載要件

1.2.1 実施可能要件

「発明の詳細な説明は、…その発明の属する技術の分野における通常の知識を有する者がその実施をすることができる程度に明確かつ十分に、記載しなければならない。」(第36条第4項)

発明の詳細な説明は、ソフトウエア関連発明の分野における通常の技術的手段を用い、通常の創作能力を発揮できる者が、特許請求の範囲以外の明細書及び図面に記載した事項と出願時の技術常識とに基づき、請求項に係る発明を実施することができる程度に明確かつ十分に記載しなければならない。

1.2.1.1 実施可能要件違反の例

(1) 慣用されていない技術用語、略号、記号などが定義されずに使用されているため、これらの用語などの意味が不明確である結果、請求項に係る発明が実施できない場合。

(2) 発明の詳細な説明の記載において、請求項に係る発明に対応する技術的手順又は機能が抽象的に記載してあるだけで、その手順又は機能がハードウエアあるいはソフトウエアでどのように実行又は実現されるのか記載されていない結果、請求項に係る発明が実施できない場合。

例1:	請求項に、数式解法、ビジネス方法、あるいはゲームのルールを実行する情報処理システムが記載されているにも関わらず、発明の詳細な説明の欄に、これらの方法やルールをコンピュータ上でどのように実現するのか記載されていない結果、請求項に係る発明が実施できない場合。
例2:	コンピュータの表示画面（例：GUI（グラフィカル・ユーザー・インターフェイス）を用いた入力フォーム）等を基にしたコンピュータの操作手順が説明されているものの、コンピュータの操作手順からは、そのコンピュータの操作手順をコンピュータ上でどのように実現するのかが記載されていない結果、請求項に係る発明が実施できない場合。

(3) 発明の詳細な説明の記載において、請求項に係る発明の機能を実現するハードウエアあるいはソフトウエアが機能ブロック図又は概略フローチャートで説明されており、その機能ブロック図又はフローチャートによる説明だけでは、どのようにハードウエアあるいはソフトウエアが構成されているのか不明確である結果、請求項に係る発明が実施できない場合。

(4) 請求項が機能を含む事項により特定されているが、発明の詳細な説明ではフローチャートで説明されており、請求項記載の機能とフローチャートとの対応関係が不明確である結果、請求項に係る発明が実施できない場合。

例3:	請複数の機能手段から構成されるビジネス支援用情報処理システムとして請求項に記載されているにも関わらず、発明の詳細な説明にはビジネスの業務フローしか記載されておらず、請求項記載の機能手段と業務フローとの対応関係が不明確である結果、請求項に係る発明が実施できない場合。

1.2.1.2 留意事項

(1) 発明の詳細な説明が機能的又は作用的に記載されている場合、出願時の技術常識に基づいて当業者が請求項に係る発明を実施することができる程度に明確かつ十分に記載されているか否かに注意する。当業者が実施できない場合には、審査官は、その機能又は作用を指摘して第36条第4項（実施可能要件違反）の拒絶理由を通知する。（第Ⅰ部第1章3.2参照）

(2) 発明の詳細な説明に記載された事項について具体的な説明がない場合、出願時の技術常識に基づいて当業者が請求項に係る発明を実施することができる程度に明確かつ十分に記載されているか否かに注意する。当業者が実施できない場合には、審査官は、第36条第4項（実施可能要件違反）の拒絶理由を通知する。（第Ⅰ部第1章3.2参照）

1.2.2 委任省令要件

「特許法第三十六条第四項の経済産業省令で定めるところによる記載は、発明が解決し

ようとする課題及びその解決手段その他のその発明の属する技術の分野における通常の知識を有する者が発明の技術上の意義を理解するために必要な事項を記載することによりしなければならない。」(特許法施行規則第24条の2)

(1) 発明が解決しようとする課題及びその解決手段

当業者が発明の技術上の意義を理解するために必要な事項としては、発明の属する技術分野、発明が解決しようとする課題、課題を解決するための手段を記載する。(第Ⅰ部第1章3.3.2(1)参照)

課題を解決するための手段では、手順又は機能がどのように具体化されたかをフローチャートなどを用いて説明する。

当業者が明細書及び図面の記載や出願時の技術常識に基づいて、請求項に係る発明が解決しようとする課題及びその解決手段を理解することができない場合、委任省令要件違反となる。

(2) 従来の技術

従来の技術を記載することは委任省令要件として扱わないが、従来の技術の記載から発明が解決しようとする課題が理解できる場合には、課題の記載に代わるものとなり得るため、出願人が知る限りにおいて、請求項に係る発明の技術上の意義の理解及び特許性の審査に役立つと考えられる背景技術を記載すべきである。また、従来の技術に関する文献は、請求項に係る発明の特許性を評価する際の重要な手段の一つである。したがって、特許を受けようとする発明と関連の深い文献が存在するときは、できる限りその文献名を記載すべきである。(第Ⅰ部第1章3.3.2(3)①参照)

(3) プログラムリスト

当業者に広く知られた言語で書かれた短いプログラムリストであって、十分な説明が付されており、発明の理解に役立つものは、明細書又は図面に記載することができる。(プログラムリストは、参考資料として提出することもできる。ただし、参考資料の記載に基づいて明細書を補正することはできない。)

2. 特許要件

ソフトウエア関連発明においては、特許要件の中でも、特に、特許法上の「発明」であることの要件と進歩性の要件が重要であることから、これらの要件について説明する。

ただし、第Ⅱ部第1章1.により特許法上の「発明」に該当するか否かが容易に判断できるものについては、この基準を参照することを要しない。

2.1 対象となる発明

(1) 特許要件に関する審査の対象となる発明は、「請求項に係る発明」である。
(2) 請求項に係る発明の認定は、請求項の記載に基づいて行う。この場合においては、

特許請求の範囲以外の明細書及び図面の記載並びに出願時の技術常識を考慮して請求項に記載された発明を特定するための事項（用語）の意義を解釈する。

2.2 「発明」であること
請求項に係る発明が特許法上の「発明」であるためには、その発明は自然法則を利用した技術的思想の創作のうち高度のものであることが必要である。（第Ⅱ部第1章1.参照）

2.2.1 基本的な考え方
ソフトウエア関連発明が「自然法則を利用した技術的思想の創作」となる基本的考え方は以下のとおり。
(1)「ソフトウエアによる情報処理が、ハードウエア資源を用いて具体的に実現されている」場合、当該ソフトウエアは「自然法則を利用した技術的思想の創作」である。
（「3.事例」の事例2-1～2-5参照）
（説明）
　「ソフトウエアによる情報処理がハードウエア資源を用いて具体的に実現されている」とは、ソフトウエアがコンピュータに読み込まれることにより、ソフトウエアとハードウエア資源とが協働した具体的手段によって、使用目的に応じた情報の演算又は加工を実現することにより、使用目的に応じた特有の情報処理装置（機械）又はその動作方法が構築されることをいう。
　そして、上記使用目的に応じた特有の情報処理装置（機械）又はその動作方法は「自然法則を利用した技術的思想の創作」ということができるから、「ソフトウエアによる情報処理が、ハードウエア資源を用いて具体的に実現されている」場合には、当該ソフトウエアは「自然法則を利用した技術的思想の創作」である。
　参考：「自然法則を利用した技術的思想の創作」であるためには、請求項に係る発明が一定の目的を達成できる具体的なものでなければならない。（「技術は一定の目的を達成するための具体的手段であって、実際に利用できるもので、…客観性を持つものである。」〔平成9年（行ケ）第206号（東京高判平成11年5月26日判決言渡）〕）
(2) 更に、当該ソフトウエアが上記(1)を満たす場合、当該ソフトウエアと協働して動作する情報処理装置（機械）及びその動作方法、当該ソフトウエアを記録したコンピュータ読み取り可能な記録媒体もまた、「自然法則を利用した技術的思想の創作」である。

2.2.2 判断の具体的な手順
ソフトウエア関連発明において、請求項に係る発明が「自然法則を利用した技術的思想の創作」であるか否か（「発明」に該当するか否か）を判断する具体的な手法は以下のとおり。

(1) 請求項に記載された事項に基づいて、請求項に係る発明を把握する。なお、把握さ

<資料1>コンピュータ・ソフトウエア関連発明の審査基準

れた発明が「自然法則を利用した技術的思想の創作」であるか否かの判断に際し、ソフトウエア関連発明に特有の判断、取扱いが必要でない場合には、「第Ⅱ部第1章産業上利用することができる発明」により判断を行う。(注参照)

(2) 請求項に係る発明において、ソフトウエアによる情報処理が、ハードウエア資源（例：CPU等の演算手段、メモリ等の記憶手段）を用いて具体的に実現されている場合、つまり、ソフトウエアとハードウエア資源とが協働した具体的手段によって、使用目的に応じた情報の演算又は加工を実現することにより、使用目的に応じた特有の情報処理装置（機械）又はその動作方法が構築されている場合、当該発明は「自然法則を利用した技術的思想の創作」である。

(3) 一方、ソフトウエアによる情報処理がハードウエア資源を用いて具体的に実現されていない場合、当該発明は「自然法則を利用した技術的思想の創作」ではない。

例1	（請求項に係る発明）	文書データを入力する入力手段、入力された文書データを処理する処理手段、処理された文書データを出力する出力手段を備えたコンピュータにおいて、上記処理手段によって入力された文書の要約を作成するコンピュータ。
	（説明）	コンピュータによって処理される文書データが、入力手段、処理手段、出力手段の順に入力されることをもって、情報処理の流れが存在するとはいえても、情報処理が具体的に実現されているとはいえない。なぜなら、入力された文書の要約を作成する処理と処理手段とがどのように協働しているのかを具体的に記載していないからである。したがって、請求項に係る発明は、ソフトウエアによる情報処理がハードウエア資源を用いて具体的に実現されていないので、自然法則を利用した技術的思想の創作ではなく、「発明」に該当しない。
例2	（請求項に係る発明）	数式y=F（x）において、a≦x≦bの範囲のyの最小値を求めるコンピュータ。
	（説明）	「数式y=F（x）において、a≦x≦bの範囲のyの最小値を求める」ために「コンピュータ」を用いるということをもって、数式y=F（x）の最小値を求める情報処理が具体的に実現されているとはいえない。なぜなら、「コンピュータ」を用いるということだけでは、数式y=F（x）の最小値を求める処理とコンピュータとが協働しているとはいえないからである。したがって、請求項に係る発明は、ソフトウエアによる情報処理がハードウエア資源を用いて具体的に実現されていないので、自然法則を利用した技術的思想の創作ではなく、「発明」に該当しない。

(注) ソフトウエア関連発明に特有の判断、取扱いが必要でなく、「第Ⅱ部第1章産業上利用することができる発明」により判断を行う例を次に示す。
(1)「自然法則を利用した技術的思想の創作」ではない例
　　請求項に係る発明が、「第Ⅱ部第1章1.1「発明」に該当しないものの類型」のうちいずれかに当たる場合、例えば、
　(a) 経済法則、人為的な取決め、数学上の公式、人間の精神活動、又は
　(b) デジタルカメラで撮影された画像データ、文書作成装置によって作成した運動会

のプログラム、コンピュータ・プログラムリストなど、情報の単なる提示に当たる場合は、「自然法則を利用した技術的思想の創作」ではない。
(2) 「自然法則を利用した技術的思想の創作」である例
請求項に係る発明が、
(a) 機器等（例：炊飯器、洗濯機、エンジン、ハードディスク装置）に対する制御又は制御に伴う処理を具体的に行うもの、又は
(b) 対象の物理的性質又は技術的性質（例：エンジン回転数、圧延温度）に基づく情報処理を具体的に行うもの
に当たる場合は、「自然法則を利用した技術的思想の創作」である。

2.2.3 留意事項

(1) 請求項に係る発明が判断の対象であることから、「ソフトウエアによる情報処理がハードウエア資源を用いて具体的に実現されたもの」が発明の詳細な説明及び図面に記載されていても、「ソフトウエアによる情報処理がハードウエア資源を用いて具体的に実現されたもの」が請求項に記載されていない場合には「発明」に該当しないと判断されることに注意する。

(2) 請求項に係る発明が、「自然法則を利用した技術的思想の創作」ではない場合であっても、発明の詳細な説明の記載に基づいて請求項に記載された事項を補正することによって「自然法則を利用した技術的思想の創作」となることが可能であると判断されるときは、審査官は、拒絶理由を通知する際に、補正の示唆を併せて行うことが望ましい。

(3) 請求項に係る発明が、「自然法則を利用した技術的思想の創作」であるか否かを判断する場合、請求項に記載された発明のカテゴリー（「方法の発明」又は「物の発明」）にとらわれず、請求項に記載された発明を特定するための事項（用語）の意義を解釈した上で判断するよう留意する。

(4) 「プログラム言語」として特許請求された発明については、人為的な取決めに当たることから、「自然法則を利用した技術的思想の創作」ではなく、「発明」に該当しない。（第Ⅱ部第1章1.1.参照）

(5) 「プログラムリスト」として特許請求された発明については、情報の単なる提示に当たることから、「自然法則を利用した技術的思想の創作」ではなく、「発明」に該当しない。（第Ⅱ部第1章1.1 (5) (b) 参照）

＜資料１＞コンピュータ・ソフトウエア関連発明の審査基準

例..	「var x , y, z , u : integer ； 　begin z ：＝0 ； u ：＝x ； 　　repeat 　　　z ：＝z＋y ； u ：＝u－1 　　until u＝0 　end． からなる自然数の乗算プログラムリスト。」

2.2.4 「構造を有するデータ」及び「データ構造」の取扱い

　「構造を有するデータ」（「構造を有するデータを記録したコンピュータ読み取り可能な記録媒体」を含む）及び「データ構造」が「発明」に該当するか否かについては、「2.2.1 基本的な考え方」により判断する。

2.3 進歩性

2.3.1 基本的な考え方
(1) 進歩性の判断は、本願発明の属する技術分野における出願時の技術水準を的確に把握した上で、当業者であればどのようにするかを常に考慮して、引用発明に基づいて当業者が請求項に係る発明を容易に想到できたことの論理づけができるか否かにより行う。（第Ⅱ部第2章2.4.参照）

(2) 具体的には、請求項に係る発明及び引用発明（一又は複数）を認定（注）した後、論理づけに最も適した一の引用発明を選び、請求項に係る発明と引用発明を対比して、請求項に係る発明の発明特定事項と引用発明を特定するための事項との一致点及び相違点を明らかにした上で、この引用発明や他の引用発明（周知・慣用技術も含む）の内容及び技術常識から、請求項に係る発明に対して進歩性の存在を否定し得る論理の構築を試みる。論理づけは、種々の観点、広範な観点から行うことが可能である。例えば、請求項に係る発明が、引用発明からの最適な構成の選択あるいは設計変更や単なる寄せ集めに該当するかどうかを検討したり、あるいは、引用発明の内容に動機づけとなり得るものがあるかどうかを検討する。（第Ⅱ部第2章2.4.参照）
　(注) この場合において、請求項に係る発明を、人為的取決め等とシステム化手法に分けて認定するのは適切ではなく、請求項に係る発明を全体としてとらえることが求められる。

(3) また、引用発明と比較した有利な効果が明細書等の記載から明確に把握される場合には、進歩性の存在を肯定的に推認するのに役立つ事実として、これを参酌する。（第Ⅱ部第2章2.4.参照）

(4) その結果、論理づけができた場合は請求項に係る発明の進歩性は否定され、論理づ

けができない場合は進歩性は否定されない。(第Ⅱ部第 2 章2.4.参照)

(5) なお、所定の目的を達成するためにある分野に利用されている方法、手段等を組み合わせたり特定の分野に適用したりすることは、ソフトウエアの技術分野では普通に試みられていることである。したがって、種々の分野に利用されている技術を組み合わせたり特定の分野に適用したりすることは当業者の通常の創作活動の範囲内のものであるから、組み合わせや適用に技術的な困難性（技術的な阻害要因）がない場合は、特段の事情（顕著な技術的効果等）がない限り、進歩性は否定される。

2.3.2 発明が解決しようとする課題

ソフトウエア化、コンピュータ化に伴う課題は、コンピュータ技術に共通な一般的課題であることが多い。「AI（人工知能）又はファジィ理論により判断を高度化すること」、「GUI（グラフィカル・ユーザー・インターフェイス）により入力を容易化すること」などがその例である。

これらの、コンピュータ技術の分野で知られていた一般的課題を踏まえた上で、進歩性を判断する。

2.3.3 当業者

特定分野に関するソフトウエア関連発明における当業者は、その特定分野に関する技術常識や一般常識（顕著な事実を含む）と、コンピュータ技術分野の技術常識（例えばシステム化技術）を有し、研究、開発のための通常の技術的手段を用いることができ、設計変更などの通常の創作能力を発揮でき、かつ、その発明の属する技術分野（特定分野とコンピュータ技術分野）の出願時の技術水準にあるもののすべてを自らの知識とすることができる者を想定したものである。

なお、当業者は、発明が解決しようとする課題に関連した技術分野の技術を自らの知識とすることができる。

また、個人よりも、複数の技術分野からの「専門家からなるチーム」として考えた方が適切な場合もある。(第Ⅱ部第 2 章2.2（2）参照)

2.3.4 当業者の通常の創作能力の発揮に当たる例

(1) 他の特定分野への適用

特定分野に関するソフトウエア関連発明に用いられている手順又は手段は、適用分野に関わらず機能又は作用が共通していることが多い。このような場合、ある特定分野に関するソフトウエア関連発明の手順又は手段を別の特定分野に適用しようとすることは、当業者の通常の創作能力の発揮に当たる。

<資料１>コンピュータ・ソフトウエア関連発明の審査基準

例 1‥	「ファイル検索システム」の引用発明が存在した場合、その機能又は作用が共通している手段（検索のための具体的構成）を医療情報システムに適用して、「医療情報検索システム」を創作することは、当業者の通常の創作能力の発揮に当たる。
例 2‥	「医療情報検索システム」の引用発明が存在した場合、それと機能又は作用が共通している手段を「商品情報検索システム」に適用することは、当業者の通常の創作能力の発揮に当たる。

(2) 周知慣用手段の付加又は均等手段による置換

　システムの構成要素として通常用いられるもの（周知慣用手段）を付加したり、システムの構成要素の一部を均等手段に置換しようとすることは、当業者の通常の創作能力の発揮に当たる。

例‥	システムの入力手段として、キーボードの他に、数字コードの入力のために画面上の項目表示をマウスで選択して入力する手段やバーコードで入力する手段を付加することは、当業者の通常の創作能力の発揮に当たる。

(3) ハードウエアで行っている機能のソフトウエア化

　回路などのハードウエアで行っている機能をソフトウエアで実現しようとすることは、当業者の通常の創作能力の発揮に当たる。

例‥	ハードウエアであるコード比較回路で行っているコード比較をソフトウエアで行うことは、当業者の通常の創作能力の発揮に当たる。

(4) 人間が行っている業務のシステム化

　引用発明には、特定分野において人間が行っている業務についての開示があるものの、その業務をどのようにシステム化するかが開示されていない場合がある。
　このような場合であっても、特定分野において人間が行っている業務をシステム化し、コンピュータにより実現することは、通常のシステム分析手法及びシステム設計手法を用いた日常的作業で可能な程度のことであれば、当業者の通常の創作能力の発揮に当たる。
　（説明）
　　システムの開発は、通常、
　　　計画立案（準備）→システム分析→システム設計
　　という過程を経て行われる。
　　システム分析では、例えば、既存の業務を分析し、それを文書化することが行われる。人間の行っている業務も分析の対象になる。
　　このようなシステム開発の実際からみると、システム分析により既存の業務をシステム化することは、当業者の通常の創作能力の発揮に当たる。

例1…	これまでFAXや電話で注文を受けていたことを、単に、インターネット上のホームページで注文を受けるようにシステム化することは、当業者の通常の創作能力の発揮に当たる。
例2…	これまで雑誌社が、雑誌に読者の売買申込情報を掲載していたこと（いわゆる「売ります・買います」コーナーを掲載していたこと）を、単に、雑誌社のインターネット上のホームページに読者の売買申込情報を掲載するようにシステム化することは、当業者の通常の創作能力の発揮に当たる。

(5) 公知の事象をコンピュータ仮想空間上で再現すること

　公知の事象を、コンピュータ仮想空間上で再現することは、通常のシステム分析手法及びシステム設計手法を用いた日常的作業で可能な程度のことであれば、当業者の通常の創作能力の発揮に当たる。

例1…	「テニスゲーム装置」において、単に、ハードコートにおけるバウンド後のテニスボールの球速を、クレーコートの場合よりも速く設定することは、当業者の通常の創作能力の発揮に当たる。
例2…	「レーシングゲーム装置」において、単に、路面の状態に応じてスピンが起こる確率を変化させることは、当業者の通常の創作能力の発揮に当たる。
例3…	電卓やコピー機等に備えられた既知の入出力インターフェイス（ボタンや表示部等の形状、及びそれらの位置関係）を、単に、コンピュータの画面上でグラフィカルに再現することは、当業者の通常の創作能力の発揮に当たる。

(6) 公知の事実又は慣習に基づく設計上の変更

　請求項に係る発明と引用発明との相違点が公知の事実又は慣習に基づくものである場合、その相違点が、他の公知の引用発明、技術常識、及び一般常識（顕著な事実を含む）等を考慮した上で、本来当業者が適宜取決めるべき性格のものであって、かつ組み合わせに技術的な阻害要因がないときには、その相違点は当業者が必要に応じて定める設計上の変更に過ぎず、当業者の通常の創作能力の発揮に当たる。

例1…	売買契約が成立したときに売り手が買い手に対して感謝の気持ちを表明することは一般常識であり、かつ、電子商取引装置においてメッセージを出力する機能を付加することは周知・慣用手段の付加に該当するから、「表示手段を有する電子商取引装置」において、商品を購入後に「お買い上げありがとうございました」というメッセージを出力する手段を付加することは、当業者の通常の創作能力の発揮に当たる。
例2…	コンピュータを用いない商取引においてクーリングオフ制度（商品の購入申込後であっても、一定期間内であれば、商品の購入申込を撤回できるものとする制度）があることは一般常識であり、かつ、コンピュータを用いる商取引（電子商取引）であるか否かに関わらず消費者保護の観点からクーリングオフ制度を取り入れることが好ましいことも一般常識であるといえるから、「電子商取引装置」において、クーリングオフ制度に対処するための手段を付加することは、当業者の通常の創作能力の発揮に当たる。

2.3.5 発明の効果

　コンピュータによってシステム化することにより得られる、「速く処理できる」、「大量のデータを処理できる」、「誤りを少なくできる」、「均一な結果が得られる」などの一般的な効果は、システム化に伴う当然の効果であることが多く、通常は、技術水準から予測で

きない効果とはいえない。

2.3.6 留意事項
(1) 商業的成功又はこれに準じる事実の参酌

　　商業的成功又はこれに準じる事実は、進歩性の存在を肯定的に推認するのに役立つ事実として参酌することができる。ただし、出願人の主張又は立証により、この事実が請求項に係る発明の特徴に基づくものであり、販売技術や宣伝等、それ以外の原因によるものでないとの心証が得られた場合に限る。(第Ⅱ部第2章2.8(6)参照)

(2) データの内容(コンテンツ)にのみ特徴がある場合の取扱い

　　請求項に係る発明と公知の引用発明との相違点としてデータの内容(コンテンツ)が挙げられた場合、この相違点によって請求項に係る発明の新規性が肯定されることはない。(事例3-1(3)(ii)参照)

例1	「データ構造Aを処理する成績管理装置」という発明が存在した場合、データ構造Aを処理する方法を変えることなく、データ構造Aに、学生の成績管理データを格納することによって「データ構造Aを有する学生成績管理装置」としても、競走馬の成績管理データを格納することによって「データ構造Aを有する競走馬成績管理装置」としても、「データ構造Aを処理する成績管理装置」としては何ら変わらないのであるから、新規性が否定される。
例2	データ構造Bを有する「音楽Cを記録したコンピュータ読み取り可能な記録媒体」が格納された情報処理装置が存在した場合、同一のデータ構造Bを有する「音楽Dを記録したコンピュータ読み取り可能な記録媒体」が格納された情報処理装置としても、「データ構造Bを有する音楽を記録したコンピュータ読み取り可能な記録媒体が格納された情報処理装置」としては何ら変わらないのであるから、新規性が否定される。

(3) 「コンピュータ読み取り可能な記録媒体」への記録

　　請求項に係る発明と引用発明との相違点が当業者の通常の創作能力の発揮の範囲内のみにあり進歩性が否定される場合において、請求項に更に、「コンピュータ読み取り可能な記録媒体」への記録という限定が追加されたとしても、この限定の追加をもって請求項に係る発明の進歩性が肯定的に推認されることはない。

(4) 情報を伝送可能な媒体

　　請求項に係る発明が、「所定の情報を伝送可能な媒体」のように、「情報を伝送する」という媒体固有の機能によってのみ特定されている場合は、新規性又は進歩性の欠如により特許を受けることができない。

　　プログラムやデータなどの所定の情報を伝送可能であることは、通常の通信網、通信線路などが固有に有する機能であるから、所定の情報を伝送可能であるという事項が物としての「伝送媒体」を特定するために通常役立たないので、当該伝送媒体は通常の通信網、通信線路と相違しないものとなり、新規性を有しない。

例1‥	（請求項に係る発明）	コンピュータにステップＡ、ステップＢ、ステップＣ…を実行させるためのプログラムを伝送する伝送媒体。 （発明の詳細な説明の抜粋） 以上の処理手順をコンピュータ・プログラムとして記述した実行形式ファイルは、ホスト計算機１が有するハードディスク等の記録手段３に電子的に格納されている。また、ホスト計算機１は、複数のユーザ端末２と100BASE -T Ethernet ケーブル５で接続されており、TCP /IPプロトコルに基づいて動作するように構成されている。 そして、任意のユーザ端末２からの送信要求に応じて、上記実行形式ファイルはホスト計算機１からそのユーザ端末２に供給される。このようにして供給された実行形式ファイルはユーザ端末２の内部にある記憶手段４に格納され、これをユーザが実行することによって、任意のユーザ端末２において本実施例の処理手順が実現可能になる。
	（説明）	所定の情報を「伝送する伝送媒体」と記載され、「伝送する」とは伝送媒体が固有に有する伝送機能を表現したものであり、また、発明の詳細な説明には、「伝送する」を「伝送中の」あるいは「伝送している」と定義している旨の記載もないことから、「伝送する」を「伝送可能な」の意味に認定しても差し支えない。そうすると、引用発明（任意のコンピュータ・プログラムを送信可能な任意の伝送媒体）と物としての相違点がない、又は同引用発明から当業者が容易に発明をすることができたとの理由から、第29条第１項各号又は第29条第２項の規定により特許を受けることができない。
例2‥	（請求項に係る発明）	デジタル情報を少なくとも128kbps以上の速度で伝送可能な有線ケーブルで構成されていることを特徴とする伝送媒体。
	（説明）	所定の情報を伝送する伝送媒体において、通信性能を単に特定したものであり、それは所定の情報を伝送対象とする場合に特有の事項ではないから、所定の情報を伝送可能であるということは伝送媒体を特定するために役立たない。したがって、引用発明（同じ通信性能を発揮可能な伝送媒体）と物としての相違点がない、又は同引用発明から当業者が容易に発明をすることができたとの理由から、第29条第１項各号又は第29条第２項の規定により特許を受けることができない。

＜資料２＞
ビジネス関連発明に対する判断事例集

平成１５年４月

特許庁

特許審査第四部

(特許庁ホームページ
http://www.jpo.go.jp/tetuzuki/t_tokkyo/bijinesu/biz_pat_case.htmより転載)

目　次

●特許法第２９条第１項柱書の判断事例
　事例１：申請書類受付処理システム
　事例２：医療システム
●特許法第３６条第６項第２号及び第２９条第１項柱書の判断事例
　事例３：広告仲介システム
●特許法第３６条第４項及び第２９条第１項柱書の判断事例
　事例４：ショッピングシステム
●特許法第２９条第２項の判断事例
　事例５：子供用自転車販売システム

（備考）
1．この判断事例集では、着目した要件違反のみについて説明を行っています。したがって、各事例については、ここで示した以外にも複数の要件違反が存在する場合があります。
2．各事例は、説明用の図面と明細書を紹介したものであり、実際の出願用の図面及び明細書を示すものではありません。

事例1：申請書類受付処理システム（特許法第29条第1項柱書の判断事例）

【請求項1】（社会システムであって成立性が認められない例）
　申請書類の作成及び申請を代行する代行業者と、申請された書類を受け付ける公的機関からなる申請書類受付処理システムにおいて、
　前記代行業者は、申請書類に対応するフォームに申請人の氏名、住所等の必要な事項を入力することにより申請書類を作成し、該申請書類を郵送又は通信回線を介して公的機関に送付する処理を行い、
　前記公的機関は、申請された書類に記入漏れがあるか否かを検出して、記入漏れがない場合に受付番号を付与すると共に、該受付番号を申請元の代行業者に郵送又は通信回線を介して送付する処理を行う、
ことを特徴とする申請書類受付処理システム。

[説明]
　この請求項には、「申請書類の作成及び申請を代行する代行業者」と「申請された書類を受け付ける公的機関」からなる『申請書類受付処理システム』について、「申請書類に対応するフォームに申請人の氏名、住所等の必要な事項を入力することにより申請書類を作成し、該申請書類を郵送又は通信回線を介して公的機関に送付する処理」という代行業者の行う業務処理内容を特定する記載と、「申請された書類に記入漏れがあるか否かを検出して、記入漏れがない場合に受付番号を付与すると共に、該受付番号を申請元の代行業者に郵送又は通信回線を介して送付する処理」という公的機関の行う業務処理内容を特定する記載がなされているのみであり、技術的事項として特定する記載はない。
　してみれば、この請求項に記載された事項に基づいて把握される発明は、所謂「コンピュータ・システム」ではなく、人為的な取り決めである社会的な「仕組み」（社会システム）にすぎないから、全体として、自然法則を利用した技術的思想の創作ではない。
　よって、この発明は、特許法第2条に定義される「発明」ではないから、特許法第29条第1項柱書に規定する要件を満たしていない。

[参照]
☆特許・実用新案審査基準
　　第Ⅱ部第1章「産業上利用することができる発明」1.1（4）
☆「特許にならないビジネス関連発明の事例集」
　　事例1－1

【請求項2】（コンピュータを使用してはいるが、依然として社会システムであって成立性が認められない例）
　申請書類の作成及び申請を代行する代行業者と、申請された書類を受け付ける公的機関からなる申請書類受付処理システムにおいて、
　前記代行業者は、コンピュータを使用して、申請書類に対応するフォームに申請人の氏名、住所等の必要な事項を入力することにより申請書類を作成し、該申請書類を通信回線を介して公的機関に送付する処理を行い、
　前記公的機関は、コンピュータを使用して、申請された書類に記入漏れがあるか否かを検出して、記入漏れがない場合に受付番号を付与すると共に、該受付番号を申請元の代行業者に通信回線を介して送付する処理を行う、
　ことを特徴とする申請書類受付処理システム。

［説明］
　この請求項には、「申請書類の作成及び申請を代行する代行業者」と「申請された書類を受け付ける公的機関」からなる『申請書類受付処理システム』について、コンピュータを使用して、「申請書類に対応するフォームに申請人の氏名、住所等の必要な事項を入力することにより申請書類を作成し、該申請書類を通信回線を介して公的機関に送付する処理」という代行業者の業務処理を特定する記載と、コンピュータを使用して、「申請された書類に記入漏れがあるか否かを検出して、記入漏れがない場合に受付番号を付与すると共に、該受付番号を申請元の代行業者に通信回線を介して送付する処理」という公的機関の業務処理を特定する記載がなされているが、この記載から把握される内容は、コンピュータを単に道具として使用して、各業務処理を行うことにすぎない。
　してみれば、この請求項に記載された事項に基づいて把握される発明は、所謂「コンピュータ・システム」ではなく、人為的な取り決めである社会的な「仕組み」（社会システム）にすぎないから、全体として、自然法則を利用した技術的思想の創作ではない。
　よって、この発明は、特許法第2条に定義される「発明」ではないから、特許法第29条第1項柱書に規定する要件を満たしていない。

［参照］
☆特許・実用新案審査基準
　　第Ⅱ部第1章「産業上利用することができる発明」1.1（4）
☆「特許にならないビジネス関連発明の事例集」
　　事例1－1，事例1－2

【請求項3】（コンピュータ・システムであるが、ソフトウエアによる情報処理がハードウエア資源を用いて具体的に実現されていないため成立性が認められない例）
　申請書類の作成及び申請を代行する代行業者側に設置される代行業者端末と、申請された書類を受け付ける公的機関に設置され、該代行業者端末と通信ネットワークを介して接続される公的機関コンピュータからなる申請書類受付処理システムにおいて、
　前記公的機関コンピュータは、
　　前記代行業者端末から送信された申請書類データを受け付ける手段と、
　　該受け付けた申請書類データに記入漏れがあるか否かを検査する手段と、
　　記入漏れがない場合に受付番号を付与し、該受付番号を前記代行業者端末に前記通信ネットワークを介して送付する手段と、
を備えることを特徴とする申請書類受付処理システム。

［説明］
　この請求項には、「申請書類の作成及び申請を代行する代行業者側に設置される代行業者端末　と、申請された書類を受け付ける公的機関に設置され、該代行業者端末と通信ネットワークを介して接続される公的機関コンピュータからなる申請書類受付処理システム」と記載され、この発明は複数のコンピュータとコンピュータ・ネットワークにより構成された所謂「コンピュータ・システム」であると把握される。
　しかしながら、この請求項には、『公的機関コンピュータ』が、「代行業者端末から送信された申請書類データを受け付ける手段」、「受け付けた申請書類データに記入漏れがあるか否かを検査する手段」、「記入漏れがない場合に受付番号を付与し、該受付番号を前記代行業者端末に前記通信ネットワークを介して送付する手段」という機能手段を備えることを特定する記載がなされているものの、いずれの機能手段を特定する記載も、それらの手段が果たすべき業務上の機能を単に特定するに留まり、その業務上の機能を果たすために、コンピュータのハードウエア資源をどのように用いて具体的に実現された技術的手段であるのかを特定するものではない。つまり、この請求項には、『公的機関コンピュータ』が果たすべき業務上の機能を特定しているものの、その業務上の機能を果たすために、公的機関コンピュータで実行されるソフトウエアによる情報処理が当該コンピュータの備えるハードウエア資源をどのように用いて具体的に実現されているのかを特定していない。また、この請求項におけるその余の記載においても、ソフトウエアによる情報処理がコンピュータのハードウエア資源を用いて具体的に実現されたものを特定していない。
　すなわち、この請求項には、ソフトウエアによる情報処理がハードウエア資源を用いて具体的に実現されたコンピュータ・システムとして特定する記載はなされていない。
　してみれば、この請求項に記載された事項に基づいて把握される発明は、自然法則を利用した技術的思想の創作とは認められない。
　よって、この発明は、特許法第2条に定義される「発明」ではないから、特許法第29条第1項柱書に規定する要件を満たしていない。

［参照］
☆特許・実用新案審査基準
　第Ⅶ部第1章「コンピュータ・ソフトウエア関連発明」2.2
☆「特許にならないビジネス関連発明の事例集」
　事例1－3

【請求項4】（成立性が認められる例）
　申請書類の作成及び申請を代行する代行業者側に設置される代行業者端末と、申請された書類を受け付ける公的機関に設置され、該代行業者側コンピュータと通信ネットワークを介して接続される公的機関コンピュータからなる申請書類受付処理システムにおいて、
　上記公的機関コンピュータは、
　　申請された申請書類データと代行業者ＩＤと受付番号が記憶保存される申請書類記憶手段と、
　　上記代行業者端末から送信された申請書類データ及び代行業者ＩＤを前記申請書類記憶手段に順次書き込む手段と、
　　該申請書類記憶手段に記憶された申請書類データ及び代行業者ＩＤを順次読み出して、当該申請書類データにNULLコードが含まれるか否かにより申請内容の記入漏れを検査する手段と、
　　読み出した申請書類データに記入漏れがない場合に受付番号を付与して前記申請書類記憶手段に記憶させると共に、前記代行業者ＩＤに基づいて前記受付番号を前記代行業者端末に前記通信ネットワークを介して送信する手段と、
を備えることを特徴とする申請書類受付処理システム。

［説明］
　この請求項には、「申請書類の作成及び申請を代行する代行業者側に設置される代行業者端末と、申請された書類を受け付ける公的機関に設置され、該代行業者端末と通信ネットワークを介して接続される公的機関コンピュータからなる申請書類受付処理システム」と記載され、この発明が複数のコンピュータとコンピュータネットワークにより構成された所謂「コンピュータ・システム」であると把握される。
　そして、この請求項には、『公的機関コンピュータ』が、「申請された申請書類データと代行業者ＩＤと受付番号が記憶保存される申請書類記憶手段」、「上記代行業者端末から送信された申請書類データ及び代行業者ＩＤを前記申請書類記憶手段に順次書き込む手段」、「該申請書類記憶手段に記憶された申請書類データ及び代行業者ＩＤを順次読み出して、当該申請書類データにNULL コードが含まれるか否かにより申請内容の記入漏れを検査する手段」、「読み出した申請書類データに記入漏れがない場合に受付番号を付与して前記申請書類記憶手段に記憶させると共に、前記代行業者ＩＤに基づいて前記受付番号を前記代行業者端末に前記通信ネットワークを介して送信する手段」という機能手段を備えることを特定する記載がなされている。これらの記載は、申請書類受付処理を実行するために公的機関コンピュータの備える各機能手段が、コンピュータのハードウエア資源である申請書類記憶手段に「申請書類データ」などのデータが順次書き込みされて記憶されること、記憶されたデータを順次読み出して、このデータにNULL コードが含まれるか否かにより申請書類に記入漏れがあるかどうかを検査することなどにより具体的に実現された技術的手段であることを特定しており、この請求項には、ソフトウエアによる情報処理がコンピュータのハードウエア資源を用いて具体的に実現されたことが記載されている。

してみれば、この請求項に記載された事項に基づいて把握される発明は、自然法則を利用した技術的思想の創作である。

［参照］
☆特許・実用新案審査基準
　　第Ⅶ部第1章「コンピュータ・ソフトウエア関連発明」2.2

事例2：医療システム（特許法第29条第1項柱書の判断事例）

【請求項1】（社会システムであって成立性が認められない例）
　患者の医療検査に基づいて検査結果データを作成する検査部と、前記検査部から受け取った検査結果データと診察の結果に基づいて処方箋データを作成する診察部と、前記検査部で作成された検査結果データ及び前記診察部で作成された処方箋データに基づいて薬剤調合を行う薬剤調合部とからなることを特徴とする医療システム。

［説明］
　この請求項には、「患者の医療検査に基づいて検査結果データを作成する検査部」、「前記検査部から受け取った検査結果データと診察の結果に基づいて処方箋データを作成する診察部」、「前記検査部で作成された検査結果データ及び前記診察部で作成された処方箋データに基づいて薬剤調合を行う薬剤調合部」のように、『医療システム』を構成する「検査部」、「診察部」、「薬剤調合部」のそれぞれで行われる業務内容を特定する記載がなされているのみであり、技術的事項として特定する記載はない。
　してみれば、この請求項に記載された事項に基づいて把握される発明は、所謂「コンピュータ・システム」ではなく、人為的な取り決めである社会的な「仕組み」（社会システム）にすぎないから、全体として、自然法則を利用した技術的思想の創作ではない。
　よって、この発明は、特許法第2条に定義される「発明」ではないから、特許法第29条第1項柱書に規定する要件を満たしていない。

［参照］
☆特許・実用新案審査基準
　　第Ⅱ部第1章「産業上利用することができる発明」1.1（4）
☆「特許にならないビジネス関連発明の事例集」
　　事例1－1

【請求項2】（コンピュータ・システムであるが、ソフトウエアによる情報処理がハードウエア資源を用いて具体的に実現されていないため成立性が認められない例）
　検査部コンピュータと、診察部コンピュータと、薬剤調合部コンピュータとがコンピュータ・ネットワークで接続された医療システムにおいて、
　前記検査部コンピュータは、患者の医療検査に基づいて検査結果データを作成する手段と、検査結果データを前記診察部コンピュータ及び前記薬剤調合部コンピュータに送信する手段とを備え、
　前記診察部コンピュータは、前記検査結果データと診察の結果に基づいて処方箋データを作成する手段を備え、
　前記薬剤調合部コンピュータは、前記検査結果データ及び前記処方箋データに基づいて薬剤調合指示データを作成する手段を備える
ことを特徴とする医療システム。

［説明］
　この請求項には、「検査部コンピュータと、診察部コンピュータと、薬剤調合部コンピュータとがコンピュータ・ネットワークで接続された医療システム」と記載され、この発明は複数のコンピュータとコンピュータ・ネットワークにより構成された所謂「コンピュータ・システム」であると把握される。
　しかしながら、この請求項には、『検査部コンピュータ』が、「患者の医療検査に基づいて検査結果データを作成する手段」、「検査結果データを前記診察部コンピュータ及び前記薬剤調合部コンピュータに送信する手段」という機能手段を備えること、『診察部コンピュータ』が、「前記検査結果データと診察の結果に基づいて処方箋データを作成する手段」という機能手段を備えること、『薬剤調合部コンピュータ』が、「前記検査結果データ及び前記処方箋データに基づいて薬剤調合指示データを作成する手段」という機能手段を備えることを特定する記載がなされているものの、いずれの機能手段を特定する記載も、それらの手段が果たすべき業務上の機能を単に特定するに留まり、その業務上の機能を果たすために、コンピュータのハードウエア資源をどのように用いて具体的に実現された技術的手段であるのかを特定するものではない。つまり、この請求項には、『検査部コンピュータ』、『診察部コンピュータ』、『薬剤調合部コンピュータ』のそれぞれが果たすべき業務上の機能を特定しているものの、その業務上の機能を果たすために、検査部コンピュータ、診察部コンピュータ、薬剤調合部コンピュータのそれぞれで実行されるソフトウエアによる情報処理がそれらコンピュータの備えるハードウエア資源をどのように用いて具体的に実現されているのかを特定していない。また、この請求項におけるその余の記載においても、ソフトウエアによる情報処理がコンピュータのハードウエア資源を用いて具体的に実現されたものを特定していない。
　すなわち、この請求項には、ソフトウエアによる情報処理がコンピュータのハードウエア資源を用いて具体的に実現されたコンピュータ・システムとして特定する記載はなされていない。

してみれば、この請求項に記載された事項に基づいて把握される発明は、自然法則を利用した技術的思想の創作とは認められない。
　よって、この発明は、特許法第2条に定義される「発明」ではないから、特許法第29条第1項柱書に規定する要件を満たしていない。

［参照］
☆特許・実用新案審査基準
　　第Ⅶ部第1章「コンピュータ・ソフトウエア関連発明」2.2
☆「特許にならないビジネス関連発明の事例集」
　　事例1-3

【請求項３】（成立性が認められる例）
　検査部コンピュータと、診察部コンピュータと、薬剤調合部コンピュータとがコンピュータ・ネットワークで接続された医療システムにおいて、
　前記検査部コンピュータは、患者ＩＤコードと診察科コードと医療検査種別コードと医療検査の結果データとを少なくとも有する検査結果データを作成する手段と、診察科コードに基づいて検査結果データを該当する診察部コンピュータに送信する手段と、前記検査結果データを前記薬剤調合部コンピュータに送信する手段とを備え、
　前記診察部コンピュータは、電子カルテファイルを記憶する記憶手段と、患者ＩＤコードに基づいて前記検査結果データを前記電子カルテファイルに格納する手段と、少なくとも所見情報と薬剤情報を含む診察の結果を前記電子カルテファイルに入力する手段と、前記電子カルテファイルの薬剤情報に基づいて、少なくとも患者ＩＤコードと薬剤情報とを有する処方箋データを作成する手段と、当該処方箋データを前記薬剤調合部コンピュータに送信する手段とを備え、
　前記薬剤調合部コンピュータは、前記検査部コンピュータから受信した検査結果データを記憶する検査結果データ記憶手段と、前記診察部コンピュータから受信した処方箋データを記憶する処方箋データ記憶手段と、少なくとも医療検査種別コードを薬剤ごとに対応付けた薬剤テーブルを記憶する薬剤テーブル記憶手段と、前記処方箋データ記憶手段に記憶された処方箋データを順次読み出し、前記処方箋データの薬剤情報に基づいて前記薬剤テーブルを検索して医療検査種別コードを取得する手段と、当該医療検査種別コードが前記処方箋データの患者ＩＤで前記検査結果データ記憶手段を検索して得られた検査結果データにおける医療検査種別コードと一致する場合に薬剤調合指示データを作成する手段を備える
ことを特徴とする医療システム。

［参考図］

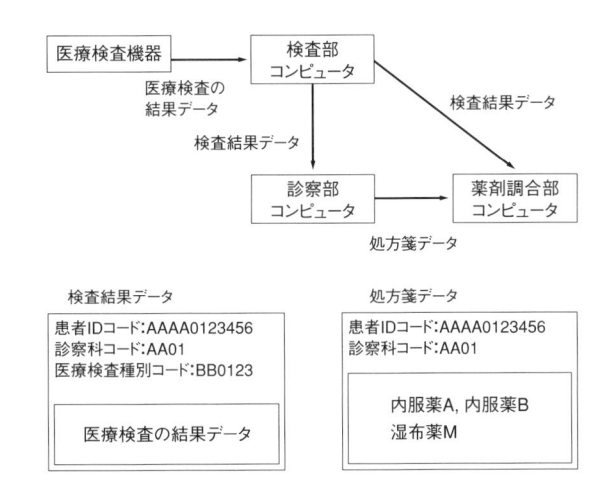

[説明]

　この請求項には、「検査部コンピュータと、診察部コンピュータと、薬剤調合部コンピュータとがコンピュータ・ネットワークで接続された医療システム」と記載され、この発明が複数のコンピュータとコンピュータ・ネットワークにより構成された所謂「コンピュータ・システム」であると把握される。

　そして、この請求項には、『検査部コンピュータ』が、「患者ＩＤコードと診察科コードと医療検査種別コードと医療検査の結果データとを少なくとも有する検査結果データを作成する手段」、「診察科コードに基づいて検査結果データを該当する診察部コンピュータに送信する手段」、「前記検査結果データを前記薬剤調合部コンピュータに送信する手段」という機能手段を備えること、『診察部コンピュータ』が、「電子カルテファイルを記憶する記憶手段」、「患者ＩＤに基づいて前記検査結果データを前記電子カルテファイルに格納する手段」、「少なくとも所見情報と薬剤情報を含む診察の結果を前記電子カルテファイルに入力する手段」、「前記電子カルテファイルの薬剤情報に基づいて、少なくとも患者ＩＤコードと薬剤情報とを有する処方箋データを作成する手段」、「当該処方箋データを前記薬剤調合部コンピュータに送信する手段」という機能手段を備えること、『薬剤調合部コンピュータ』が、「検査部コンピュータから受信した検査結果データを記憶する検査結果データ記憶手段」、「診察部コンピュータから受信した処方箋データを記憶する処方箋データ記憶手段」、「少なくとも医療検査種別コードを薬剤ごとに対応付けた薬剤テーブルを記憶する薬剤テーブル記憶手段」、「前記処方箋データ記憶手段に記憶された処方箋データを順次読み出し、前記処方箋データの薬剤情報に基づいて前記薬剤テーブルを検索して医療検査種別コードを取得する手段」、「当該医療検査種別コードが前記処方箋データの患者ＩＤで前記検査結果データ記憶手段を検索して得られた検査結果データにおける医療検査種別コードと一致する場合に薬剤調合指示データを作成する手段」という機能手段を備えることを特定する記載がなされている。これらの記載は、各コンピュータが医療検査、医療診察、薬剤調合のための処理を実行するために、それぞれのコンピュータに備えられた機能手段を、コンピュータのハードウエア資源を用いて具体的に実現された技術的手段として特定しており、この請求項には、ソフトウエアによる情報処理がコンピュータのハードウエア資源を用いて具体的に実現されたことが記載されている。

　してみれば、この請求項に記載された事項に基づいて把握される発明は、自然法則を利用した技術的思想の創作である。

[参照]
☆特許・実用新案審査基準
　　第Ⅶ部第１章「コンピュータ・ソフトウエア関連発明」2.2

事例３：広告仲介システム（特許法第３６条第６項第２号及び第２９条第１項柱書の判断事例）

【請求項１】（社会システムであるのか、コンピュータ・システムであるのか不明確であるが、いずれの場合も成立性が認められない例）
　広告クライアントと広告エージェントとを仲介する広告仲介システムにおいて、
　広告エージェントのアイデア情報を登録するアイデア登録機能と、
　登録されているアイデア情報を検索するアイデア検索機能と、
　前記アイデア検索機能を用いて、前記広告クライアントのニーズ情報に該当するアイデア情報を検索し、その検索結果に基づいて、広告クライアントに対してアイデア情報を提供し、広告エージェントにニーズ情報を提供する提供機能と、
を備えることを特徴とする広告仲介システム。

【請求項２】（コンピュータ・システムであることが明確に特定されかつ成立性が認められる例）
　複数の広告クライアントがそれぞれ保有するクライアント側コンピュータと、複数の広告エージェントがそれぞれ保有するエージェント側コンピュータが、通信ネットワークを介してそれぞれ広告仲介コンピュータに接続された広告仲介システムにおいて、
　上記広告仲介コンピュータは、
　　広告エージェントのアイデア情報にエージェントＩＤ、及び、少なくとも対象商品カテゴリーをビット位置で示すアイデア分類データを関連づけて記憶保存されるアイデア情報記憶手段と、
　　上記エージェント側コンピュータから送信されたエージェントＩＤ、アイデア情報、及び、アイデア分類データを上記アイデア情報記憶手段に登録するアイデア情報登録手段と、
　　上記クライアント側コンピュータからクライアントＩＤ、ニーズ情報、及び、上記アイデア分類データと同形式のニーズ分類データを含む仲介要求データを受信する手段と、
　　該仲介要求データを受信した際に、
　　　上記アイデア情報記憶手段からエージェントＩＤ、アイデア情報、及び、アイデア分類データを読み出して作業用記憶手段に記憶する処理と、
　　　上記アイデア分類データと上記ニーズ分類データとの論理積演算を実行する処理と、
　　　該論理積演算結果と上記ニーズ分類データとの排他的論理和演算を実行する処理と、
　　　該排他的論理和演算の結果が、ゼロ以外の場合には適合しないものとして該作業用記憶手段から当該エージェントＩＤ、アイデア情報、及び、アイデア分類データを削除する不適合アイデア削除処理と
　　からなる一連の処理を上記アイデア情報記憶手段に記憶されているアイデア情報全てに対して
　　実行することにより適合するアイデアを検索して抽出するアイデア抽出手段と、

213

上記アイデア抽出手段の処理が終了した際に、上記作業用記憶手段に記憶されているアイデア情報を上記クライアント側コンピュータに送信すると共に、該作業用記憶手段に記憶されているエージェントＩＤに対応するエージェント側コンピュータに上記ニーズ情報を送信するアイデア提供手段と、
を備えることを特徴とする広告仲介システム。

［説明］
・請求項１
（特許法第３６条第６項第２号の判断）
　この請求項には、「広告クライアント」と「広告エージェント」とを仲介する『広告仲介システム』が備える機能として、「広告エージェントのアイデア情報を登録するアイデア登録機能」、「登録されているアイデア情報を検索するアイデア検索機能」、「前記アイデア検索機能を用いて、前記広告クライアントのニーズ情報に該当するアイデア情報を検索し、その検索結果に基づいて、広告クライアントに対してアイデア情報を提供し、広告エージェントにニーズ情報を提供する提供機能」を特定する記載がなされているが、上記各機能を特定する記載は、業務面での機能を特定しようとするものであるのか、コンピュータが実行する処理機能を特定しようとするものであるのか明確とはいえない。
　よって、この請求項に係る発明は明確でないため、特許法第３６条第６項第２号に規定する要件を満たしていない。

（第２９条第１項柱書の判断）
　この請求項における各機能を特定する記載が、業務面での機能を特定するものとした場合、この請求項に記載された事項に基づいて把握される発明は、所謂「コンピュータ・システム」ではなく、人為的な取り決めである社会的な「仕組み」（社会システム）にすぎないから、全体として、自然法則を利用した技術的思想の創作ではない。
　また、この請求項における各機能を特定する記載が、コンピュータが実行する処理機能を特定するものとした場合、「コンピュータ・システム」が備えるいずれの機能手段を特定する記載も、それらの手段が果たすべき業務上の機能を単に特定するに留まり、その業務上の機能を果たすために、コンピュータのハードウエア資源をどのように用いて具体的に実現された技術的手段であるのかを特定するものではない。すなわち、この請求項には、ソフトウエアによる情報処理がコンピュータのハードウエア資源を用いて具体的に実現されたコンピュータ・システムとして特定する記載はなされていないから、この請求項に記載された事項に基づいて把握される発明は、自然法則を利用した技術的思想の創作とは認められない。
　よって、いずれの場合においても、この発明は、特許法第２条に定義される「発明」ではないから、特許法第２９条第１項柱書に規定する要件を満たしていない。

・請求項2

　この請求項には、「複数の広告クライアントがそれぞれ保有するクライアント側コンピュータと、複数の広告エージェントがそれぞれ保有するエージェント側コンピュータが、通信ネットワークを介してそれぞれ広告仲介コンピュータに接続された広告仲介システム」と記載され、この発明が複数のコンピュータとコンピュータネットワークにより構成された所謂「コンピュータ・システム」であると把握される。

　そして、この請求項には、『広告仲介コンピュータ』が、「広告エージェントのアイデア情報にエージェントＩＤ、及び、少なくとも対象商品カテゴリーをビット位置で示すアイデア分類データを関連づけて記憶保存されるアイデア情報記憶手段」、「上記エージェント側コンピュータから送信されたエージェントＩＤ、アイデア情報、及び、アイデア分類データを上記アイデア情報記憶手段に登録するアイデア情報登録手段」、「上記クライアント側コンピュータからクライアントＩＤ、ニーズ情報、及び、上記アイデア分類データと同形式のニーズ分類データを含む仲介要求データを受信する手段」、「該仲介要求データを受信した際に、上記アイデア情報記憶手段からエージェントＩＤ、アイデア情報、及び、アイデア分類データを読み出して作業用記憶手段に記憶する処理と、上記アイデア分類データと上記ニーズ分類データとの論理積演算を実行する処理と、該論理積演算結果と上記ニーズ分類データとの排他的論理和演算を実行する処理と、該排他的論理和演算の結果が、ゼロ以外の場合には適合しないものとして該作業用記憶手段から当該エージェントＩＤ、アイデア情報、及び、アイデア分類データを削除する不適合アイデア削除処理とからなる一連の処理を上記アイデア情報記憶手段に記憶されているアイデア情報全てに対して実行することにより適合するアイデアを検索して抽出するアイデア抽出手段」、「上記アイデア抽出手段の処理が終了した際に、上記作業用記憶手段に記憶されているアイデア情報を上記クライアント側コンピュータに送信すると共に、該作業用記憶手段に記憶されているエージェントＩＤ対応するエージェント側コンピュータに上記ニーズ情報を送信するアイデア提供手段」という機能手段を備えることを特定する記載がなされている。これらの記載は、広告アイデアの仲介処理を実行するために広告仲介コンピュータの備える各機能手段が、コンピュータのハードウエア資源であるアイデア情報記憶手段に「アイデア情報」、「エージェントＩＤ」、「アイデア分類データ」というデータが順次書き込みされて記憶されること、記憶されたデータを順次読み出して、この「アイデア分類データ」と「ニーズ分類データ」に対する論理演算処理を実行することにより、広告クライアントのニーズに合致するアイデア情報を検索して抽出することなどにより具体的に実現された技術的手段であることを特定しており、この請求項には、ソフトウエアによる情報処理がコンピュータのハードウエア資源を用いて具体的に実現されたことが記載されている。

　してみれば、この請求項に記載された事項に基づいて把握される発明は、自然法則を利用した技術的思想の創作である。

　このように、請求項2において、ソフトウエアによる情報処理がコンピュータのハードウエア資源を用いて具体的に実現されたものとして特定されているので、請求項1に対する二つの要件違反は同時に解消することになる。

[参照]
☆特許・実用新案審査基準
　　第Ⅱ部第1章「産業上利用することができる発明」1.1（4）
　　第Ⅶ部第1章「コンピュータ・ソフトウエア関連発明」2.2.2（1）
☆「特許にならないビジネス関連発明の事例集」
　　事例1－1，事例1－2，事例1－3

事例４：ショッピングシステム(第２９条第１項柱書及び特許法第３６条第４項の判断事例)

【請求項１】（情報の単なる提示であるから成立性が認められない例）
　購入者の端末からインターネットを介してショップのホームページにアクセスすることによって、ショッピングを行うショッピングシステムにおいて、
　ユーザＩＤとしてのメールアドレス、パスワード及び氏名、住所等のユーザ情報を入力させる画面と、
　商品の画像と、購入商品の個数を入力するためのフィールドと、該商品を買い物カゴに入れることを指示するカゴボタンを表示した画面と、
　買い物カゴに登録された全商品のリストと合計金額、買い物完了を指示するための完了ボタンを表示した画面と、
　ユーザＩＤとパスワードを入力させる画面と、
　ユーザ情報を注文内容及び注文ボタンと共に表示した画面と、
　を表示可能な購入者端末からなることを特徴とするショッピングシステム。

【請求項２】（実施可能要件を満たさない例）
　購入者の端末からインターネットを介してショップのホームページにアクセスすることによって、ショッピングを行うショッピングシステムにおいて、
　購入者端末は、
　ユーザＩＤとしてのメールアドレス、パスワード及び氏名、住所等のユーザ情報を入力させる画面を表示する手段と、
　商品の画像と、購入商品の個数を入力するためのフィールドと、該商品を買い物カゴに入れることを指示するカゴボタンを表示する手段と、
　該ボタンがクリックされた際に買い物カゴに登録された全商品のリストと合計金額、買い物完了を指示する完了ボタンを表示する手段と、
　該完了ボタンがクリックされた際にユーザＩＤとパスワードを入力させる画面を表示し、入力されたユーザＩＤとパスワードにより呼び出されたユーザ情報を、注文内容及び注文ボタンと共に表示する手段と、
　該注文ボタンがクリックされた際に注文処理を行う手段とを備え、
　サーバは、
　受付られた注文内容を電子メールにより購入者端末に通知する手段とを備え、
　ることを特徴とするショッピングシステム。

【発明の詳細な説明】
（省略）
【発明の実施の形態】
　本発明は、いわゆるインターネットショッピングに関するものである。
　ユーザは公知のブラウザを使用して所望のショップのホームページにアクセスする。

ホームページには、ユーザ登録を行うページと商品を選択するページとを選択する画面が表示される。（図1参照）
　まず、ユーザ登録を行うページを選択すると、ユーザＩＤ、パスワード、氏名、住所、電話番号等のユーザ情報を入力するための画面が表示される。特にユーザＩＤとしては、後に注文内容を送信する必要からメールアドレスを入力させる。ユーザは必要な事項を入力するとともに登録ボタンを押すことによりユーザ登録が行える。（図2参照）
　また、商品を選択するページを選択すると、各商品の画像と簡単な説明、注文個数を入力するためのフィールドと、買い物かごに選択した商品を入力するためのカゴボタンが表示される。（図3参照）
　ユーザは所望の商品の情報を参照して、注文することを決めたらその個数をフィールドに入力する。そして、カゴボタンをクリックすると、今まで選択された商品のリストと、購入代金の合計が表示され、注文内容がこれでよければ、買い物完了ボタンをクリックする。（図4参照）
　該買い物完了ボタンがクリックされると、ユーザＩＤ及びパスワードを入力する画面が表示され、登録済みのユーザＩＤ及びパスワードの入力によりサーバにおいて登録済みのものと一致するか否かを判定して、ユーザ情報を端末に送信する。
　なお、一致しない場合はユーザ登録画面を表示させ、再登録を行わせる。
　端末では注文内容とユーザ情報と注文ボタンが表示され、ユーザはこの画面を見て、注文内容、ユーザ情報が正しいことを確認して注文ボタンをクリックする。（図5参照）
　これにより、注文内容がサーバに注文確定情報として送信される。
　その後、サーバからは注文を正式に受け付けた旨をユーザＩＤとして登録したメールアドレスに送信することにより、ユーザは注文が正式に受け付けられたことを確認できる。
【発明の効果】
　インターネットショッピングにおいて、買い物カゴを使用することで、通常の買い物と同様な感覚でショッピングが可能となる。
　また、ユーザＩＤとしてメールアドレスを入力させるようにしたので、メールアドレスを変更していた場合には注文時に不一致となり、誤ったアドレスに確認用メールが送信されることがない。

【図1】

```
⇦ ⇨ ⊗
http://www.××.co.jp

オンラインスーパーマーケット YASUURI

まずはユーザ登録から
    ユーザ登録はこちら

登録済みのユーザ
    お買い物はこちら
```

【図2】

```
⇦ ⇨ ⊗
http://www.××.co.jp/touroku.html

ユーザ登録
ユーザＩＤ   [           ]
パスワード   [           ]

氏   名    [           ]
フリガナ    [           ]
郵便番号    [           ]
住   所    [           ]       [ 登録 ] [ キャンセル ]
電話番号    [           ]
メールアドレス [         ]
```

【図3】

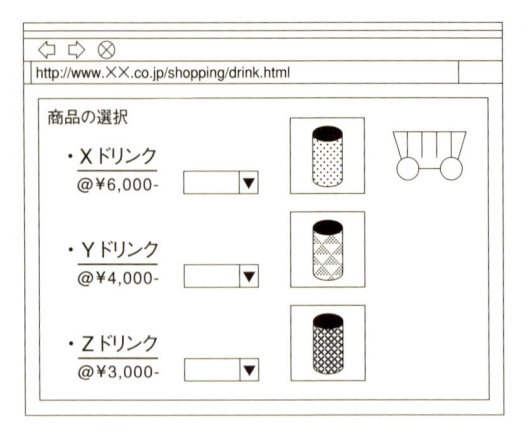

http://www.××.co.jp/shopping/drink.html

商品の選択

・Xドリンク
　@¥6,000-

・Yドリンク
　@¥4,000-

・Zドリンク
　@¥3,000-

【図4】

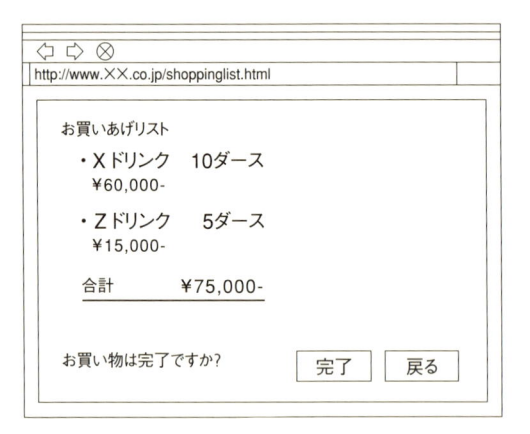

http://www.××.co.jp/shoppinglist.html

お買いあげリスト

・Xドリンク　10ダース
　¥60,000-

・Zドリンク　5ダース
　¥15,000-

合計　　　¥75,000-

お買い物は完了ですか?　　完了　戻る

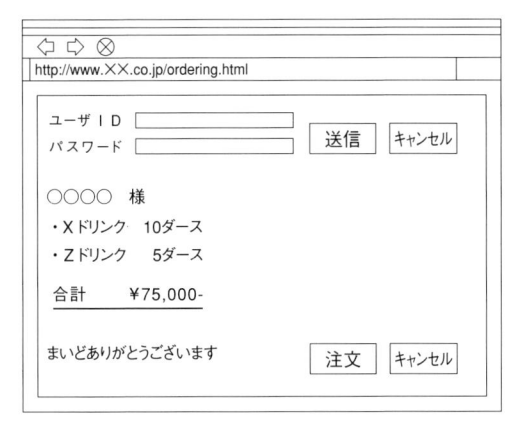

【図5】

```
http://www.××.co.jp/ordering.html

 ユーザID  [          ]   [送信] [キャンセル]
 パスワード [          ]

 ○○○○  様
 ・Xドリンク  10ダース
 ・Zドリンク   5ダース
  合計    ¥75,000-

 まいどありがとうございます    [注文] [キャンセル]
```

[説明]
・請求項1（第29条第1項柱書の判断）
　請求項1は、「購入者端末からインターネットを介してショップのホームページにアクセスすることによって、ショッピングを行うショッピングシステム」における「購入者端末」が、ショッピングの際に表示される「ユーザＩＤとしてのメールアドレス、パスワード及び氏名、住所等のユーザ情報を入力させる画面」、「商品の画像と、購入商品の個数を入力するためのフィールドと、該商品を買い物カゴに入れることを指示するカゴボタンを表示した画面」、「買い物カゴに登録された全商品のリストと合計金額、買い物完了を指示するための完了ボタンを表示した画面」、「ユーザＩＤとパスワードを入力させる画面」、「ユーザ情報を注文内容及び注文ボタンと共に表示した画面」が表示可能であることを特定するものである。
　つまり、この請求項には、上記のように購入者端末の表示画面に提示される情報の内容を特定する記載があるのみであり、技術的事項を特定する記載はなく、これらの情報の提示に技術的特徴があるとは認められない。
　してみれば、この請求項に記載された事項に基づいて把握される発明は、情報の単なる提示（提示される情報の内容にのみ特徴を有するものであって、情報の提示を主たる目的とするもの）であって、全体として、自然法則を利用した技術的思想の創作ではない。
　よって、この発明は、特許法第2条に定義される「発明」ではないから、特許法第29条第1項柱書に規定する要件を満たしていない。
[参照]
☆特許・実用新案審査基準
　　第Ⅱ部第1章「産業上利用することができる発明」1.1 (5)
　　第Ⅶ部第1章「コンピュータ・ソフトウエア関連発明」2.2.2 (1)

・請求項2（特許法第36条第4項の判断）
　発明の詳細な説明には、購入者端末からインターネットを介してショップのホームページにアクセスすることによって、ショッピングを行う際に購入者端末で表示される画面遷移が各図面に従って説明されているのみであり、請求項2に記載された「購入者端末」が機能手段である『ユーザＩＤとしてのメールアドレス、パスワード及び氏名、住所等のユーザ情報を入力させる画面を表示する手段』、『商品の画像と、購入商品の個数を入力するためのフィールドと、該商品を買い物カゴに入れることを指示するカゴボタンを表示する手段』、『該ボタンがクリックされた際に買い物カゴに登録された全商品のリストと合計金額、買い物完了を指示する完了ボタンを表示する手段』、『該完了ボタンがクリックされた際にユーザＩＤとパスワードを入力させる画面を表示し、入力されたユーザＩＤとパスワードにより呼び出されたユーザ情報を、注文内容及び注文ボタンと共に表示する手段』、『該注文ボタンがクリックされた際に注文処理を行う手段』、更に、「サーバ」の機能手段である『受付られた注文内容を電子メールにより購入者端末に通知する手段』といった各手段を備えるものであること、またこれらの各手段について、当業者がその実施をするこ

とができる程度に明確かつ十分に記載されていない。
　よって、この出願の発明の詳細な説明は、当業者が請求項2に係る発明を実施することができる程度に明確かつ十分に記載されていないから、この出願は特許法第36条第4項に規定する要件を満たしていない。
［参照］
☆特許・実用新案審査基準
　　第・部第1章「明細書の記載」3.
　　第Ⅶ部第1章「コンピュータ・ソフトウエア関連発明」1.2
☆「特許にならないビジネス関連発明の事例集」
　　事例2－1

事例5：子供用自転車販売システム（第29条第2項の判断事例）

【請求項1】（進歩性なしの例）
　子供用自転車に関する商品情報をインターネットを介して提供する子供用自転車販売システムであって、
　利用者の希望する、少なくとも色、キャラクタを含む希望情報を入力する希望情報入力手段と、
　利用者の身長などの身体情報を入力する身体情報入力手段と、
　前記希望情報に基づいて商品情報を検索し、前記身体情報に基づいて当該商品におけるサイズ情報を決定する商品選定手段と、
　前記商品選定手段が商品を決定できない場合に、前記希望情報及び身体情報に基づいてオーダメイド情報を作成するオーダメイド情報作成手段と、
　前記商品選定手段により選定された商品の発注または前記オーダメイド情報作成手段で作成されたオーダメイド情報に基づいた商品の発注を受け付ける受注手段と、
　からなる子供用自転車販売システム。

【発明の詳細な説明】
（省略）

【図1】

メーカー名	商品名	車輪サイズ	フレームタイプ	適応身長	カラー	キャラクタ
Ａ自転車	CAM0118	18	A	100〜130	赤、青	M
Ａ自転車	CAM0120	20	A	110〜140	赤、青	M
Ａ自転車	CAM0122	22	A	120〜150	赤、青	M
Ａ自転車	CBN0218	18	B	110〜130	橙、紫	N
Ａ自転車	CBN0220	20	B	120〜140	橙、紫	N
Ａ自転車	CBN0222	22	B	130〜150	橙、紫	N
…	…	…	…	…	…	…

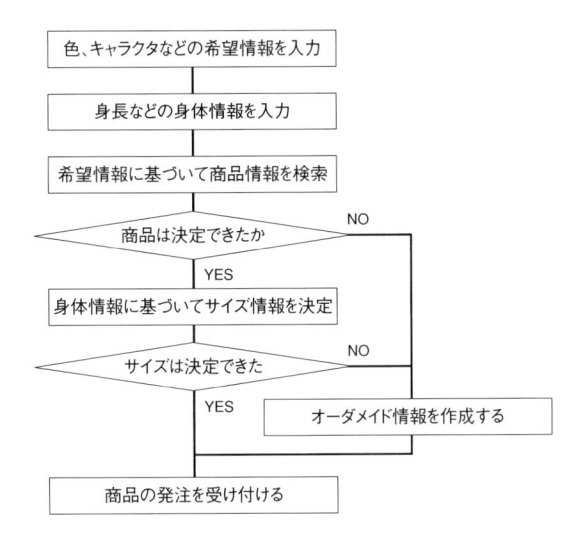

＜資料２＞ビジネス関連発明に対する判断事例集

【図２】

```
┌─────────────────────────────┐
│ 色、キャラクタなどの希望情報を入力 │
└─────────────────────────────┘
              ↓
┌─────────────────────────────┐
│      身長などの身体情報を入力      │
└─────────────────────────────┘
              ↓
┌─────────────────────────────┐
│ 希望情報に基づいて商品情報を検索   │
└─────────────────────────────┘
              ↓
        ◇商品は決定できたか◇──NO──┐
              │YES                │
              ↓                   │
┌─────────────────────────────┐    │
│身体情報に基づいてサイズ情報を決定│    │
└─────────────────────────────┘    │
              ↓                   │
        ◇サイズは決定できた◇──NO──┤
              │YES                ↓
              │         ┌──────────────────┐
              │         │オーダメイド情報を作成する│
              │         └──────────────────┘
              ↓
┌─────────────────────────────┐
│      商品の発注を受け付ける       │
└─────────────────────────────┘
```

［引用文献］
　引用文献には、以下の事項が記載されている。
・インターネットを介した商品販売システムであって、衣料品に関する商品情報を消費者のコンピュータに提供するシステム。
・衣料品に関する商品情報を選択するために、消費者が、好みの商品を特定するための色やデザインなどの希望情報と、商品のサイズを特定するために身長などの身体情報を入力するユーザ・インターフェイスが採用されている。
・商品販売システムは、消費者のコンピュータから送信された上記希望情報と身体情報を検索キーとして、商品情報データベース（図１参照）を検索して、条件に合致する商品情報が存在する場合、その情報を消費者のコンピュータに送信する。
・条件に合致する商品が存在しない場合、商品販売システムは、条件に合致するようにセミオーダ商品情報を生成し、その情報を消費者のコンピュータに送信する。
・消費者のコンピュータは、商品販売システムから受信したいずれかの商品情報を表示出力するとともに、購入するための発注指示を行うユーザ・インターフェイスが採用されている。

225

[図1]

商品名	サイズ	デザイン	適応身長	カラー
セーター	S	Vネック	140～150	赤、紺
セーター	M	Vネック	150～160	淡赤、淡紺
セーター	L	Vネック	160～170	濃赤、濃紺
セーター	S	タートル	130～155	濃橙、濃紫
セーター	M	タートル	150～175	橙、紫
セーター	L	タートル	170～185	淡橙、淡紫
…	…	…	…	…

［説明］
　請求項1に係る発明と引用文献に記載された発明を対比すると、
　「商品情報をインターネットを介して提供する販売システムであって、
　利用者の希望する、少なくとも色などのを含む希望情報を入力する希望情報入力手段と、
　利用者の身長などの身体情報を入力する身体情報入力手段と、
　前記希望情報に基づいて商品情報を検索し、前記身体情報に基づいて当該商品におけるサイズ情報を決定する商品選定手段と、
　前記商品選定手段が商品を決定できない場合に、前記希望情報及び身体情報に基づいてオーダメイド情報を作成するオーダメイド情報作成手段と
　前記商品選定手段により選定された商品の発注または前記オーダメイド情報作成手段で作成されたオーダメイド情報に基づいた商品の発注を受け付ける受注手段と
からなる販売システム」で一致し、請求項1に係る発明と引用文献に記載された発明とは、
　（1）　販売する対象商品が、子供用自転車と衣料品で相違し、
　（2）　希望情報として「キャラクタ」の採否で相違する。
　上記相違点について検討する。販売する対象商品の相違は、販売システムの取り扱う商品種別を単に変更しただけにすぎない。また、検索キーとして「キャラクタ」を含む希望情報を採用してはいるものの、「キャラクタ」で商品を選定することは一般によく行われていることである。
　よって、請求項1に係る発明である「子供用自転車販売システム」は引用文献に記載された発明である「衣料品の販売システム」を単に適用対象とする商品を変更し、一般によく知られた商品選定手法を採用しただけにすぎず、当業者が通常の創作活動の範囲で容易に成し得たものである。
　したがって、請求項1に係る発明は、引用文献に記載された発明に基づいて当業者が容

易に発明できたものである。

(備考:事例5は進歩性の判断手法を説明するための事例であり、実際の審査実務においては、成立性の要件等も別途判断される点に留意されたい。)

[参照]
☆特許・実用新案審査基準
　　第Ⅱ部第2章「新規性・進歩性」
　　第Ⅶ部第1章「コンピュータ・ソフトウエア関連発明」2.3
☆「特許にならないビジネス関連発明の事例集」
　　事例3-1,　事例3-2,　事例3-3

<資料3>
ビジネス関連発明の主な判決事例

(平成17年9月　特許庁HPより
URL：http://www.jpo.go.jp/tetuzuki/t_tokkyo/bijinesu/biz_pat.htm#5)

<資料3>ビジネス関連発明の主な判決事例

（参考）ビジネス関連発明の主な判決事例

ビジネス関連発明の特許性を考慮した審査請求、ならびに拒絶理由通知に対する適切な応答の参考となる次の審査基準に対応する東京高裁の判決事例を以下に掲載する。
1．　進歩性の判断に関する判決
2．　記載要件に関する判決

1．　進歩性の判断に関する判決

1-1 コンピュータ・ソフトウエア関連発明の審査基準において、コンピュータ・ソフトウエア関連発明の進歩性の判断に関し、「当業者の通常の創作能力の発揮に当たる例」として示された類型に関連するもの

（1）他の特定分野への適用

ある特定分野に関するソフトウエア関連発明に用いられる手法は、適用分野に関わらず機能又は作用が共通していることが多く、このような手法を別の特定分野に適用することは、当業者の通常の創作能力の発揮に当たる。

《不動産売買支援システムをマンション売買支援システムに適用することは容易であると判示された事例》

○　平成15年（行ケ）430号
「マンション売買支援システム及びオークションセンタ用機器とデータセンタ用機器並びに記録媒体」

（判決の一部抜粋；引用発明が対象とするのは「不動産売買」であって、土地又は土地付き建物の売買に限定されるものではなく、マンション売買も当然にその対象に含まれるものである。そして、マンションが、土地や土地付き建物と並ぶ代表的な不動産売買の対象商品であることは一般常識に属することであるから、引用例1に接した当業者が、引用発明に係る技術をマンション売買に適用することは、正に容易に想到し得ることであるというほかはなく、原告の上記主張を採用する余地はない。）

(2）周知慣用手段の付加又は均等手段による置換

システムの構成要素として通常用いられる周知慣用手段を付加したり、一部を均等な手段に置き換えることは、当業者の通常の創作能力の発揮に当たる。

《データ処理一般に用いられる手段（変換テーブル）を付加することは容易であると判示された事例》
○　平成15年（行ケ）300号
　　「メッセージ管理装置及び方法」

（判決の一部抜粋；これらは、ＰＯＳシステムに関するものではあるが、変換テーブル自体はデータ処理一般に用いられるものであり、1又は複数のユーザ装置がネットワークを介してホスト装置に接続されたシステムがＰＯＳシステムに限られるものでないことは、明らかである。）

(3）人間が行っている業務のシステム化

特定分野において人間が行っている業務を通常のシステム設計手法などを用いてシステム化し、コンピュータにより実現することは、当業者の通常の創作能力の発揮に当たる。

《5Ｗ1Ｈを決めて仕事を進めるという人間が行っている業務をシステム化してオンライン看護支援装置の入力として適用することは容易であると判示された事例》

○　平成15年（行ケ）268号
　　「オンライン看護支援装置」

（判決の一部抜粋；看護業務において、仕事の進め方として5Ｗ1Ｈを決めておくことは、当業者が当然に考えることであり、また、上記（4）のとおり、5Ｗ1Ｈを決めておくことを看護業務に適用し得ないとする事情も認められない。）

《運送業者が人手で行っていた見積り作業をシステム化することは容易であると判示された事例》

＜資料３＞ビジネス関連発明の主な判決事例

○　平成１７年（行ケ）１０３３５号
　　「運送費の見積り装置および見積り方法」

　　（判決の一部抜粋；従来、運送業者が、物品リストを用いて人手で行っていた見積りをシステム化するに際し、「予め設定されたプログラムによって表示される物品リスト中の該当するものにその物品の数を入力する」ように、通信ネットワークを利用して実現することに、何ら困難性はない。）

　　（４）公知の事実又は慣習に基づく設計上の変更
　　　　相違点が、他の公知の引用発明、技術常識、及び一般常識（顕著な事実を含む）等を考慮した上で、本来当業者が適宜取決めるべき性格のものであって、かつ技術的な阻害要因がないときには、当業者の通常の創作能力の発揮に当たる。

《生月または生年（変数）の配列と個性類型の種類とをどのように対応させるかは人為的な取り決めに過ぎないと判示された事例》

○　平成１５年（行ケ）５４０号
　　「個性診断情報提供システム、携帯型個性診断情報提供システム及び記憶媒体」

　　（判決の一部抜粋；「本質」の個性因子について生日を変数として利用するのであれば、他の個性因子である「表面」及び「意思」については生月及び生年を適宜利用することになるのは当然であり、かかる方法を推考することが容易であることも明らかである。そして、各個性因子ごとに、変数（生月または生年）の配列と個性類型の種類とをどのように対応させるかということも、人為的な取り決めに過ぎないのであるから、これは当業者が適宜に選択し得る事項に過ぎない。）

1-2　一般的な進歩性の判断基準が適用されたもの

《通信販売システムにおいて、クレジットカードＩＤ番号を含む注文情報を別の通信ネットワークを介して送信することは容易であると判示された事例》

○　平成１４年（行ケ）５９８号
　　「商品販売システム、その情報通信方法およびその端末装置」

（判決の一部抜粋；引用例１記載の発明及び引用例２記載の発明は、ともに商品販売システムという同一技術分野に属しており、その組合せを阻害する要因は見当たらない。そして、ポインティング手段の指定による入力はスイッチの操作による入力ともに周知の技術手段であり、スイッチを用いるかポインティング手段を用いるかは当業者が適宜行うことのできる設計的事項と認められる。そうすると、引用例２記載の発明を、引用例１記載の発明に適用するに際し、その入力・指示手段をポインティング手段の指定による入力とし、端末装置を、利用者の操作により、広域ネットワークとは別の通信ネットワークと接続し、クレジットカードのID番号を含む注文情報を前記別の通信ネットワークを介して送信するように構成することは、当業者が容易に想到し得たというべきである。）

《現場情報ネットワーク管理方式を集中管理方式から分散管理方式に変更することは容易であると判示された事例》

○　平成１５年（行ケ）２４０号
　　「現場管理システム」

（判決の一部抜粋；本件明細書（甲６、８）及び刊行物１（甲２）の記載によれば、本件発明１も引用発明１もいずれもネットワーク管理（ネットワーク化されたシステムにおける情報の管理）を行うものであることは明らかであるところ、証拠（乙３）によれば、ネットワーク管理は、ネットワークの利用者が満足する品質のよいサービスを提供するとともに、管理部門の作業効率等を高めることを目的とするのであること、そして、ネットワーク管理の方法に、ネットワーク管理のためのセンタを設置して、１元的に管理する集中管理方式と、管理主体ごとに独立してネットワーク管理を行う分散管理方式の２つが存在することは、本件特許出願の前に周知の事項であったことが認められる。したがって、引用発明１において、複数箇所に現場情報の管理場所を設置して、それぞれ独立した管理を行わせる、いわゆる分散管理方式を採用することは、当業者において適宜なし得たことというべきである。）

《商品の購入実績検索が行える顧客管理システムにおいて、購入実績が設定期間内にない顧客検索を適用することは容易であると判示された事例》

○　平成１７年（行ケ）１００８４号
　　「顧客管理システム」

（判決の一部抜粋；引用例３の未稼働顧客検索では、商品を特定した検索までは行

えないものの、引用例1発明では、特定の商品の購入実績による検索が行えるのであるから、当業者が、引用例1発明に、引用例3に開示されている「購入実績が設定期間内にない顧客」の検索を適用し、相違点4に係る「宣伝広告した商品の購入実績が設定期間内にない顧客を検索する」構成に想到することに困難があると認めることはできない。)

2. 記載要件にする判決

・コンピュータ・ソフトウエア関連発明の審査基準において、コンピュータ・ソフトウエア関連発明の記載要件に関し、「発明が明確でない例」、「実施可能要件違反の例」として示された類型に関連するもの

① 発明が明確でない例
発明を特定するための事項の技術的意味が理解できない結果、発明が不明確となる場合。

② 実施可能要件違反の例
発明の詳細な説明の記載において、請求項に係る発明に対応する技術的手順又は機能が抽象的に記載してあるだけで、その手順又は機能がハードウエアあるいはソフトウエアでどのように実行又は実現されるのか記載されていない結果、請求項に係る発明が実施できない場合。

(1) ①、②に該当する事例

《発明の特徴点が詳細な説明中において何ら説明がされていないため記載要件違反であると判示された事例》

○　平成15年(行ケ)325号
　　「インターネットを利用した身体関連商品の購入システム」

（判決の一部抜粋；原告の前掲主張によれば、本願発明の最大の特徴は、サイズが合った上で、専門家であるコーディネーターの意見が蓄積されているコーディネーターデータファイルからデータを取り出して好みの商品をコーディネートして商品を購入する点にあり、この点こそが本願発明の特徴をなす新規な事項であり、引用文献のいずれにも記載されていないというのである。そうであれば、出願人である原告は、その構成を明確にし、発明の詳細な説明において、当業者が実施できるように開示しなければならないことはいうまでもない。）

（２）②に該当する事例

《発明の詳細な説明には、本願発明の最も重要な部分の具体的構成が明らかにされていないため記載要件違反であると判示された事例》

○　平成１４年（行ケ）５１３号
　　「製造工程管理方法並びに装置」

（判決の一部抜粋；本願発明の目的は、上記のとおり、製造工程の正確なモデルを作成し、これをシミュレーションすることができ、また、正確なスケジュール調整、費用計算及び記録機能を有するデジタルデータ処理システムを提供することにあるから、生産モデルを作成するための信号がどのような構成の信号として入力されて、どのような構成の生産モデルが作成されるのか、明らかでなければ、当業者が容易にその実施をすることができる程度に、本願発明の目的を達成するための構成が発明の詳細な説明に記載されているということはできない。）

＜資料4＞
ソフトウェア著作権法

＊ 著作権法の条文うち、特にソフトウェア（プログラム）に関連の深い条文を抜粋したものである。

＜資料4＞ソフトウェア著作権法

著作権法（昭和四十五年五月六日法律第四十八号）　（一部抜粋）

第一章　総則
第一節　通則
（目的）
第一条　この法律は、著作物並びに実演、レコード、放送及び有線放送に関し著作者の権利及びこれに隣接する権利を定め、これらの文化的所産の公正な利用に留意しつつ、著作者等の権利の保護を図り、もつて文化の発展に寄与することを目的とする。
（定義）
第二条　この法律において、次の各号に掲げる用語の意義は、当該各号に定めるところによる。
一　著作物　思想又は感情を創作的に表現したものであつて、文芸、学術、美術又は音楽の範囲に属するものをいう。
二　著作者　著作物を創作する者をいう。
七の二　公衆送信　公衆によつて直接受信されることを目的として無線通信又は有線電気通信の送信（有線電気通信設備で、その一の部分の設置の場所が他の部分の設置の場所と同一の構内（その構内が二以上の者の占有に属している場合には、同一の者の占有に属する区域内）にあるものによる送信（プログラムの著作物の送信を除く。）を除く。）を行うことをいう。
九の四　自動公衆送信　公衆送信のうち、公衆からの求めに応じ自動的に行うもの（放送又は有線放送に該当するものを除く。）をいう。
九の五　送信可能化　次のいずれかに掲げる行為により自動公衆送信し得るようにすることをいう。
　イ　公衆の用に供されている電気通信回線に接続している自動公衆送信装置（公衆の用に供する電気通信回線に接続することにより、その記録媒体のうち自動公衆送信の用に供する部分（以下この号において「公衆送信用記録媒体」という。）に記録され、又は当該装置に入力される情報を自動公衆送信する機能を有する装置をいう。以下同じ。）の公衆送信用記録媒体に情報を記録し、情報が記録された記録媒体を当該自動公衆送信装置の公衆送信用記録媒体として加え、若しくは情報が記録された記録媒体を当該自動公衆送信装置の公衆送信用記録媒体に変換し、又は当該自動公衆送信装置に情報を入力すること。
　ロ　その公衆送信用記録媒体に情報が記録され、又は当該自動公衆送信装置に情報が入力されている自動公衆送信装置について、公衆の用に供されている電気通信回線への接続（配線、自動公衆送信装置の始動、送受信用プログラムの起動その他の一連の行為により行われる場合には、当該一連の行為のうち最後のものをいう。）を行うこと。
十の二　プログラム　電子計算機を機能させて一の結果を得ることができるようにこれに対する指令を組み合わせたものとして表現したものをいう。

十の三　データベース　論文、数値、図形その他の情報の集合物であつて、それらの情報を電子計算機を用いて検索することができるように体系的に構成したものをいう。

十一　二次的著作物　著作物を翻訳し、編曲し、若しくは変形し、又は脚色し、映画化し、その他翻案することにより創作した著作物をいう。

十二　共同著作物　二人以上の者が共同して創作した著作物であつて、その各人の寄与を分離して個別的に利用することができないものをいう。

十五　複製　印刷、写真、複写、録音、録画その他の方法により有形的に再製することをいい、次に掲げるものについては、それぞれ次に掲げる行為を含むものとする。

十九　頒布　有償であるか又は無償であるかを問わず、複製物を公衆に譲渡し、又は貸与することをいい、映画の著作物又は映画の著作物において複製されている著作物にあつては、これらの著作物を公衆に提示することを目的として当該映画の著作物の複製物を譲渡し、又は貸与することを含むものとする。

二十　技術的保護手段　電子的方法、磁気的方法その他の人の知覚によつて認識することができない方法（次号において「電磁的方法」という。）により、第十七条第一項に規定する著作者人格権若しくは著作権又は第八十九条第一項に規定する実演家人格権若しくは同条第六項に規定する著作隣接権（以下この号において「著作権等」という。）を侵害する行為の防止又は抑止（著作権等を侵害する行為の結果に著しい障害を生じさせることによる当該行為の抑止をいう。第三十条第一項第二号において同じ。）をする手段（著作権等を有する者の意思に基づくことなく用いられているものを除く。）であつて、著作物、実演、レコード、放送又は有線放送（次号において「著作物等」という。）の利用（著作者又は実演家の同意を得ないで行つたとしたならば著作者人格権又は実演家人格権の侵害となるべき行為を含む。）に際しこれに用いられる機器が特定の反応をする信号を著作物、実演、レコード又は放送若しくは有線放送に係る音若しくは影像とともに記録媒体に記録し、又は送信する方式によるものをいう。

二十一　権利管理情報　第十七条第一項に規定する著作者人格権若しくは著作権又は第八十九条第一項から第四項までの権利（以下この号において「著作権等」という。）に関する情報であつて、イからハまでのいずれかに該当するもののうち、電磁的方法により著作物、実演、レコード又は放送若しくは有線放送に係る音若しくは影像とともに記録媒体に記録され、又は送信されるもの（著作物等の利用状況の把握、著作物等の利用の許諾に係る事務処理その他の著作権等の管理（電子計算機によるものに限る。）に用いられていないものを除く。）をいう。

　イ　著作物等、著作権等を有する者その他政令で定める事項を特定する情報
　ロ　著作物等の利用を許諾する場合の利用方法及び条件に関する情報
　ハ　他の情報と照合することによりイ又はロに掲げる事項を特定することができることとなる情報

二十二　国内　この法律の施行地をいう。

二十三　国外　この法律の施行地外の地域をいう。
3　この法律にいう「映画の著作物」には、映画の効果に類似する視覚的又は視聴覚的効果を生じさせる方法で表現され、かつ、物に固定されている著作物を含むものとする。
5　この法律にいう「公衆」には、特定かつ多数の者を含むものとする。
6　この法律にいう「法人」には、法人格を有しない社団又は財団で代表者又は管理人の定めがあるものを含むものとする。
8　この法律にいう「貸与」には、いずれの名義又は方法をもつてするかを問わず、これと同様の使用の権原を取得させる行為を含むものとする。
9　この法律において、第一項第七号の二、第八号、第九号の二、第九号の四、第九号の五若しくは第十三号から第十九号まで又は前二項に掲げる用語については、それぞれこれらを動詞の語幹として用いる場合を含むものとする。

　　　第二節　適用範囲
（保護を受ける著作物）
第六条　著作物は、次の各号のいずれかに該当するものに限り、この法律による保護を受ける。
　一　日本国民（わが国の法令に基づいて設立された法人及び国内に主たる事務所を有する法人を含む。以下同じ。）の著作物
　二　最初に国内において発行された著作物（最初に国外において発行されたが、その発行の日から三十日以内に国内において発行されたものを含む。）
　三　前二号に掲げるもののほか、条約によりわが国が保護の義務を負う著作物

第二章　著作者の権利
　　　第一節　著作物
（著作物の例示）
第十条　この法律にいう著作物を例示すると、おおむね次のとおりである。
　七　映画の著作物
　九　プログラムの著作物
3　第一項第九号に掲げる著作物に対するこの法律による保護は、その著作物を作成するために用いるプログラム言語、規約及び解法に及ばない。この場合において、これらの用語の意義は、次の各号に定めるところによる。
　一　プログラム言語　プログラムを表現する手段としての文字その他の記号及びその体系をいう。
　二　規約　特定のプログラムにおける前号のプログラム言語の用法についての特別の約束をいう。
　三　解法　プログラムにおける電子計算機に対する指令の組合せの方法をいう。
（二次的著作物）
第十一条　二次的著作物に対するこの法律による保護は、その原著作物の著作者の権利

に影響を及ぼさない。
(編集著作物)
第十二条　編集物（データベースに該当するものを除く。以下同じ。）でその素材の選択又は配列によつて創作性を有するものは、著作物として保護する。
2　前項の規定は、同項の編集物の部分を構成する著作物の著作者の権利に影響を及ぼさない。
(データベースの著作物)
第十二条の二　データベースでその情報の選択又は体系的な構成によつて創作性を有するものは、著作物として保護する。
2　前項の規定は、同項のデータベースの部分を構成する著作物の著作者の権利に影響を及ぼさない。

第二節　著作者

(著作者の推定)
第十四条　著作物の原作品に、又は著作物の公衆への提供若しくは提示の際に、その氏名若しくは名称（以下「実名」という。）又はその雅号、筆名、略称その他実名に代えて用いられるもの（以下「変名」という。）として周知のものが著作者名として通常の方法により表示されている者は、その著作物の著作者と推定する。
(職務上作成する著作物の著作者)
第十五条　法人その他使用者（以下この条において「法人等」という。）の発意に基づきその法人等の業務に従事する者が職務上作成する著作物（プログラムの著作物を除く。）で、その法人等が自己の著作の名義の下に公表するものの著作者は、その作成の時における契約、勤務規則その他に別段の定めがない限り、その法人等とする。
2　法人等の発意に基づきその法人等の業務に従事する者が職務上作成するプログラムの著作物の著作者は、その作成の時における契約、勤務規則その他に別段の定めがない限り、その法人等とする。
(映画の著作物の著作者)
第十六条　映画の著作物の著作者は、その映画の著作物において翻案され、又は複製された小説、脚本、音楽その他の著作物の著作者を除き、制作、監督、演出、撮影、美術等を担当してその映画の著作物の全体的形成に創作的に寄与した者とする。ただし、前条の規定の適用がある場合は、この限りでない。

第三節　権利の内容
第一款　総則

(著作者の権利)
第十七条　著作者は、次条第一項、第十九条第一項及び第二十条第一項に規定する権利（以下「著作者人格権」という。）並びに第二十一条から第二十八条までに規定する権利（以下「著作権」という。）を享有する。

2　著作者人格権及び著作権の享有には、いかなる方式の履行をも要しない。

第二款　著作者人格権
（公表権）
第十八条　著作者は、その著作物でまだ公表されていないもの（その同意を得ないで公表された著作物を含む。以下この条において同じ。）を公衆に提供し、又は提示する権利を有する。当該著作物を原著作物とする二次的著作物についても、同様とする。
2　著作者は、次の各号に掲げる場合には、当該各号に掲げる行為について同意したものと推定する。
　一　その著作物でまだ公表されていないものの著作権を譲渡した場合　当該著作物をその著作権の行使により公衆に提供し、又は提示すること。
　三　第二十九条の規定によりその映画の著作物の著作権が映画製作者に帰属した場合　当該著作物をその著作権の行使により公衆に提供し、又は提示すること。

（氏名表示権）
第十九条　著作者は、その著作物の原作品に、又はその著作物の公衆への提供若しくは提示に際し、その実名若しくは変名を著作者名として表示し、又は著作者名を表示しないこととする権利を有する。その著作物を原著作物とする二次的著作物の公衆への提供又は提示に際しての原著作物の著作者名の表示についても、同様とする。
2　著作物を利用する者は、その著作者の別段の意思表示がない限り、その著作物につきすでに著作者が表示しているところに従つて著作者名を表示することができる。
3　著作者名の表示は、著作物の利用の目的及び態様に照らし著作者が創作者であることを主張する利益を害するおそれがないと認められるときは、公正な慣行に反しない限り、省略することができる。

（同一性保持権）
第二十条　著作者は、その著作物及びその題号の同一性を保持する権利を有し、その意に反してこれらの変更、切除その他の改変を受けないものとする。
2　前項の規定は、次の各号のいずれかに該当する改変については、適用しない。
　三　特定の電子計算機においては利用し得ないプログラムの著作物を当該電子計算機において利用し得るようにするため、又はプログラムの著作物を電子計算機においてより効果的に利用し得るようにするために必要な改変
　四　前三号に掲げるもののほか、著作物の性質並びにその利用の目的及び態様に照らしやむを得ないと認められる改変

第三款　著作権に含まれる権利の種類
（複製権）
第二十一条　著作者は、その著作物を複製する権利を専有する。
（公衆送信権等）
第二十三条　著作者は、その著作物について、公衆送信（自動公衆送信の場合にあつて

は、送信可能化を含む。）を行う権利を専有する。
2　著作者は、公衆送信されるその著作物を受信装置を用いて公に伝達する権利を専有する。
（頒布権）
第二十六条　著作者は、その映画の著作物をその複製物により頒布する権利を専有する。
2　著作者は、映画の著作物において複製されているその著作物を当該映画の著作物の複製物により頒布する権利を専有する。
（譲渡権）
第二十六条の二　著作者は、その著作物（映画の著作物を除く。以下この条において同じ。）をその原作品又は複製物（映画の著作物において複製されている著作物にあつては、当該映画の著作物の複製物を除く。以下この条において同じ。）の譲渡により公衆に提供する権利を専有する。
2　前項の規定は、著作物の原作品又は複製物で次の各号のいずれかに該当するものの譲渡による場合には、適用しない。
　一　前項に規定する権利を有する者又はその許諾を得た者により公衆に譲渡された著作物の原作品又は複製物
　二　第六十七条第一項若しくは第六十九条の規定による裁定又は万国著作権条約の実施に伴う著作権法の特例に関する法律（昭和三十一年法律第八十六号）第五条第一項の規定による許可を受けて公衆に譲渡された著作物の複製物
　三　前項に規定する権利を有する者又はその承諾を得た者により特定かつ少数の者に譲渡された著作物の原作品又は複製物
　四　国外において、前項に規定する権利に相当する権利を害することなく、又は同項に規定する権利に相当する権利を有する者若しくはその承諾を得た者により譲渡された著作物の原作品又は複製物
（貸与権）
第二十六条の三　著作者は、その著作物（映画の著作物を除く。）をその複製物（映画の著作物において複製されている著作物にあつては、当該映画の著作物の複製物を除く。）の貸与により公衆に提供する権利を専有する。
（翻訳権、翻案権等）
第二十七条　著作者は、その著作物を翻訳し、編曲し、若しくは変形し、又は脚色し、映画化し、その他翻案する権利を専有する。
（二次的著作物の利用に関する原著作者の権利）
第二十八条　二次的著作物の原著作物の著作者は、当該二次的著作物の利用に関し、この款に規定する権利で当該二次的著作物の著作者が有するものと同一の種類の権利を専有する。

　　　　第五款　著作権の制限
（私的使用のための複製）

<資料4>ソフトウェア著作権法

第三十条　著作権の目的となつている著作物(以下この款において単に「著作物」という。)は、個人的に又は家庭内その他これに準ずる限られた範囲内において使用すること(以下「私的使用」という。)を目的とするときは、次に掲げる場合を除き、その使用する者が複製することができる。
　一　公衆の使用に供することを目的として設置されている自動複製機器(複製の機能を有し、これに関する装置の全部又は主要な部分が自動化されている機器をいう。)を用いて複製する場合
　二　技術的保護手段の回避(技術的保護手段に用いられている信号の除去又は改変(記録又は送信の方式の変換に伴う技術的な制約による除去又は改変を除く。)を行うことにより、当該技術的保護手段によつて防止される行為を可能とし、又は当該技術的保護手段によつて抑止される行為の結果に障害を生じないようにすることをいう。第百二十条の二第一号及び第二号において同じ。)により可能となり、又はその結果に障害が生じないようになつた複製を、その事実を知りながら行う場合
(引用)
第三十二条　公表された著作物は、引用して利用することができる。この場合において、その引用は、公正な慣行に合致するものであり、かつ、報道、批評、研究その他の引用の目的上正当な範囲内で行なわれるものでなければならない。

　　　第四節　保護期間
(保護期間の原則)
第五十一条　著作権の存続期間は、著作物の創作の時に始まる。
2　著作権は、この節に別段の定めがある場合を除き、著作者の死後(共同著作物にあつては、最終に死亡した著作者の死後。次条第一項において同じ。)五十年を経過するまでの間、存続する。
(無名又は変名の著作物の保護期間)
第五十二条　無名又は変名の著作物の著作権は、その著作物の公表後五十年を経過するまでの間、存続する。ただし、その存続期間の満了前にその著作者の死後五十年を経過していると認められる無名又は変名の著作物の著作権は、その著作者の死後五十年を経過したと認められる時において、消滅したものとする。
2　前項の規定は、次の各号のいずれかに該当するときは、適用しない。
　一　変名の著作物における著作者の変名がその者のものとして周知のものであるとき。
　二　前項の期間内に第七十五条第一項の実名の登録があつたとき。
　三　著作者が前項の期間内にその実名又は周知の変名を著作者名として表示してその著作物を公表したとき。
(団体名義の著作物の保護期間)
第五十三条　法人その他の団体が著作の名義を有する著作物の著作権は、その著作物の公表後五十年(その著作物がその創作後五十年以内に公表されなかつたときは、その創作後五十年)を経過するまでの間、存続する。

2　前項の規定は、法人その他の団体が著作の名義を有する著作物の著作者である個人が同項の期間内にその実名又は周知の変名を著作者名として表示してその著作物を公表したときは、適用しない。
3　第十五条第二項の規定により法人その他の団体が著作者である著作物の著作権の存続期間に関しては、第一項の著作物に該当する著作物以外の著作物についても、当該団体が著作の名義を有するものとみなして同項の規定を適用する。
(映画の著作物の保護期間)
第五十四条　映画の著作物の著作権は、その著作物の公表後七十年（その著作物がその創作後七十年以内に公表されなかつたときは、その創作後七十年）を経過するまでの間、存続する。
2　映画の著作物の著作権がその存続期間の満了により消滅したときは、当該映画の著作物の利用に関するその原著作物の著作権は、当該映画の著作物の著作権とともに消滅したものとする。
3　前二条の規定は、映画の著作物の著作権については、適用しない。

第五節　著作者人格権の一身専属性等

(著作者人格権の一身専属性)
第五十九条　著作者人格権は、著作者の一身に専属し、譲渡することができない。
(著作者が存しなくなつた後における人格的利益の保護)
第六十条　著作物を公衆に提供し、又は提示する者は、その著作物の著作者が存しなくなつた後においても、著作者が存しているとしたならばその著作者人格権の侵害となるべき行為をしてはならない。ただし、その行為の性質及び程度、社会的事情の変動その他によりその行為が当該著作者の意を害しないと認められる場合は、この限りでない。

第六節　著作権の譲渡及び消滅

(著作権の譲渡)
第六十一条　著作権は、その全部又は一部を譲渡することができる。
2　著作権を譲渡する契約において、第二十七条又は第二十八条に規定する権利が譲渡の目的として特掲されていないときは、これらの権利は、譲渡した者に留保されたものと推定する。
(相続人の不存在の場合等における著作権の消滅)
第六十二条　著作権は、次に掲げる場合には、消滅する。
　一　著作権者が死亡した場合において、その著作権が民法（明治二十九年法律第八十九号）第九百五十九条（相続財産の国庫帰属）の規定により国庫に帰属すべきこととなるとき。
　二　著作権者である法人が解散した場合において、その著作権が民法第七十二条第三項（残余財産の国庫帰属）その他これに準ずる法律の規定により国庫に帰属すべきこととなるとき。

2 　第五十四条第二項の規定は、映画の著作物の著作権が前項の規定により消滅した場合について準用する。

第七節　権利の行使
(著作物の利用の許諾)
第六十三条　著作権者は、他人に対し、その著作物の利用を許諾することができる。
2 　前項の許諾を得た者は、その許諾に係る利用方法及び条件の範囲内において、その許諾に係る著作物を利用することができる。
3 　第一項の許諾に係る著作物を利用する権利は、著作権者の承諾を得ない限り、譲渡することができない。
5 　著作物の送信可能化について第一項の許諾を得た者が、その許諾に係る利用方法及び条件（送信可能化の回数又は送信可能化に用いる自動公衆送信装置に係るものを除く。）の範囲内において反復して又は他の自動公衆送信装置を用いて行う当該著作物の送信可能化については、第二十三条第一項の規定は、適用しない。
(共同著作物の著作者人格権の行使)
第六十四条　共同著作物の著作者人格権は、著作者全員の合意によらなければ、行使することができない。
2 　共同著作物の各著作者は、信義に反して前項の合意の成立を妨げることができない。
3 　共同著作物の著作者は、そのうちからその著作者人格権を代表して行使する者を定めることができる。
4 　前項の権利を代表して行使する者の代表権に加えられた制限は、善意の第三者に対抗することができない。
(共有著作権の行使)
第六十五条　共同著作物の著作権その他共有に係る著作権（以下この条において「共有著作権」という。）については、各共有者は、他の共有者の同意を得なければ、その持分を譲渡し、又は質権の目的とすることができない。
2 　共有著作権は、その共有者全員の合意によらなければ、行使することができない。
3 　前二項の場合において、各共有者は、正当な理由がない限り、第一項の同意を拒み、又は前項の合意の成立を妨げることができない。
4 　前条第三項及び第四項の規定は、共有著作権の行使について準用する。
(質権の目的となつた著作権)
第六十六条　著作権は、これを目的として質権を設定した場合においても、設定行為に別段の定めがない限り、著作権者が行使するものとする。
2 　著作権を目的とする質権は、当該著作権の譲渡又は当該著作権に係る著作物の利用につき著作権者が受けるべき金銭その他の物（出版権の設定の対価を含む。）に対しても、行なうことができる。ただし、これらの支払又は引渡し前に、これらを受ける権利を差し押えることを必要とする。

第十節　登録

(実名の登録)

第七十五条　無名又は変名で公表された著作物の著作者は、現にその著作権を有するかどうかにかかわらず、その著作物についてその実名の登録を受けることができる。

2　著作者は、その遺言で指定する者により、死後において前項の登録を受けることができる。

3　実名の登録がされている者は、当該登録に係る著作物の著作者と推定する。

(第一発行年月日等の登録)

第七十六条　著作権者又は無名若しくは変名の著作物の発行者は、その著作物について第一発行年月日の登録又は第一公表年月日の登録を受けることができる。

2　第一発行年月日の登録又は第一公表年月日の登録がされている著作物については、これらの登録に係る年月日において最初の発行又は最初の公表があつたものと推定する。

(創作年月日の登録)

第七十六条の二　プログラムの著作物の著作者は、その著作物について創作年月日の登録を受けることができる。ただし、その著作物の創作後六月を経過した場合は、この限りでない。

2　前項の登録がされている著作物については、その登録に係る年月日において創作があつたものと推定する。

(著作権の登録)

第七十七条　次に掲げる事項は、登録しなければ、第三者に対抗することができない。

一　著作権の移転(相続その他の一般承継によるものを除く。次号において同じ。)又は処分の制限

二　著作権を目的とする質権の設定、移転、変更若しくは消滅(混同又は著作権若しくは担保する債権の消滅によるものを除く。)又は処分の制限

(登録手続等)

第七十八条　第七十五条第一項、第七十六条第一項、第七十六条の二第一項又は前条の登録は、文化庁長官が著作権登録原簿に記載して行う。

2　文化庁長官は、第七十五条第一項の登録を行なつたときは、その旨を官報で告示する。

3　何人も、文化庁長官に対し、著作権登録原簿の謄本若しくは抄本若しくはその附属書類の写しの交付又は著作権登録原簿若しくはその附属書類の閲覧を請求することができる。

4　前項の請求をする者は、実費を勘案して政令で定める額の手数料を納付しなければならない。

5　前項の規定は、同項の規定により手数料を納付すべき者が国等であるときは、適用しない。

6　第一項に規定する登録に関する処分については、行政手続法(平成五年法律第八十八号)第二章及び第三章の規定は、適用しない。

7　著作権登録原簿及びその附属書類については、行政機関情報公開法の規定は、適用しない。
8　この節に規定するもののほか、第一項に規定する登録に関し必要な事項は、政令で定める。
（プログラムの著作物の登録に関する特例）
第七十八条の二　プログラムの著作物に係る登録については、この節の規定によるほか、別に法律で定めるところによる。

第七章　権利侵害

（差止請求権）
第百十二条　著作者、著作権者、出版権者、実演家又は著作隣接権者は、その著作者人格権、著作権、出版権、実演家人格権又は著作隣接権を侵害する者又は侵害するおそれがある者に対し、その侵害の停止又は予防を請求することができる。
2　著作者、著作権者、出版権者、実演家又は著作隣接権者は、前項の規定による請求をするに際し、侵害の行為を組成した物、侵害の行為によつて作成された物又は専ら侵害の行為に供された機械若しくは器具の廃棄その他の侵害の停止又は予防に必要な措置を請求することができる。
（侵害とみなす行為）
第百十三条　次に掲げる行為は、当該著作者人格権、著作権、出版権、実演家人格権又は著作隣接権を侵害する行為とみなす。
　一　国内において頒布する目的をもつて、輸入の時において国内で作成したとしたならば著作者人格権、著作権、出版権、実演家人格権又は著作隣接権の侵害となるべき行為によつて作成された物を輸入する行為
　二　著作者人格権、著作権、出版権、実演家人格権又は著作隣接権を侵害する行為によつて作成された物（前号の輸入に係る物を含む。）を情を知つて頒布し、又は頒布の目的をもつて所持する行為
2　プログラムの著作物の著作権を侵害する行為によつて作成された複製物（当該複製物の所有者によつて第四十七条の二第一項の規定により作成された複製物並びに前項第一号の輸入に係るプログラムの著作物の複製物及び当該複製物の所有者によつて同条第一項の規定により作成された複製物を含む。）を業務上電子計算機において使用する行為は、これらの複製物を使用する権原を取得した時に情を知つていた場合に限り、当該著作権を侵害する行為とみなす。
3　次に掲げる行為は、当該権利管理情報に係る著作者人格権、著作権、実演家人格権又は著作隣接権を侵害する行為とみなす。
　一　権利管理情報として虚偽の情報を故意に付加する行為
　二　権利管理情報を故意に除去し、又は改変する行為（記録又は送信の方式の変換に伴う技術的な制約による場合その他の著作物又は実演等の利用の目的及び態様に照らしやむを得ないと認められる場合を除く。）

三　前二号の行為が行われた著作物若しくは実演等の複製物を、情を知つて、頒布し、若しくは頒布の目的をもつて輸入し、若しくは所持し、又は当該著作物若しくは実演等を情を知つて公衆送信し、若しくは送信可能化する行為
6　著作者の名誉又は声望を害する方法によりその著作物を利用する行為は、その著作者人格権を侵害する行為とみなす。

第八章　罰則

第百十九条　次の各号のいずれかに該当する者は、五年以下の懲役若しくは五百万円以下の罰金に処し、又はこれを併科する。
一　著作者人格権、著作権、出版権、実演家人格権又は著作隣接権を侵害した者（第三十条第一項（第百二条第一項において準用する場合を含む。）に定める私的使用の目的をもつて自ら著作物若しくは実演等の複製を行つた者、第百十三条第三項の規定により著作者人格権、著作権、実演家人格権若しくは著作隣接権（同条第四項の規定により著作隣接権とみなされる権利を含む。第百二十条の二第三号において同じ。）を侵害する行為とみなされる行為を行つた者又は第百十三条第五項の規定により著作権若しくは著作隣接権を侵害する行為とみなされる行為を行つた者を除く。）
二　営利を目的として、第三十条第一項第一号に規定する自動複製機器を著作権、出版権又は著作隣接権の侵害となる著作物又は実演等の複製に使用させた者

第百二十条　第六十条又は第百一条の三の規定に違反した者は、五百万円以下の罰金に処する。

第百二十条の二　次の各号のいずれかに該当する者は、三年以下の懲役若しくは三百万円以下の罰金に処し、又はこれを併科する。
一　技術的保護手段の回避を行うことを専らその機能とする装置（当該装置の部品一式であつて容易に組み立てることができるものを含む。）若しくは技術的保護手段の回避を行うことを専らその機能とするプログラムの複製物を公衆に譲渡し、若しくは貸与し、公衆への譲渡若しくは貸与の目的をもつて製造し、輸入し、若しくは所持し、若しくは公衆の使用に供し、又は当該プログラムを公衆送信し、若しくは送信可能化した者
二　業として公衆からの求めに応じて技術的保護手段の回避を行つた者
三　営利を目的として、第百十三条第三項の規定により著作者人格権、著作権、実演家人格権又は著作隣接権を侵害する行為とみなされる行為を行つた者
四　営利を目的として、第百十三条第五項の規定により著作権又は著作隣接権を侵害する行為とみなされる行為を行つた者

第百二十一条　著作者でない者の実名又は周知の変名を著作者名として表示した著作物の複製物（原著作物の著作者でない者の実名又は周知の変名を原著作物の著作者名として表示した二次的著作物の複製物を含む。）を頒布した者は、一年以下の懲役若しくは百万円以下の罰金に処し、又はこれを併科する。

主要参考文献一覧

([ ] 内は本文中で用いる略語)

特許庁編「特許・実用新案審査基準(平成16年6月改訂版)」発明協会(2004年)[審査基準]

中山信弘「工業所有権法 上 特許法(第2版増補版)」弘文社(2000年)[中山]

特許庁総務部総務課制度改正審議室「平成14年改正産業財産権法の解説」発明協会(2002年)[解説]

内田貴「民法Ⅰ 総則・物権総論(第2版補訂版)」東京大学出版会(2000年)

吉藤幸朔著、熊谷健一補訂「特許法概説〔第13版〕」有斐閣(2001年)[吉藤]

ドナルド.S.チザム著、竹中俊子訳「アメリカ特許法とその手続(改訂第2版)」雄松堂出版(2000年)

加戸守行「著作権法逐条講義〔四訂新版〕」著作権情報センター(2002年)[加戸]

中山信弘「ソフトウェアの法的保護(新版)」有斐閣(1988年)[中山保護]

田村善之「著作権法概説 第2版」有斐閣(2001年)

三山裕三「著作権法詳説(新版)」レクシスネクシス・ジャパン(2004年)[三山]

作花文雄「詳解著作権法第3版」ぎょうせい(2004年)[作花]

斉藤博、半田正夫編「著作権判例百選(第三版)」別冊ジュリスト(2001年)

文化庁長官官房著作権課内著作権法令研究会、通商産業省知的財産政策室編著「著作権法・不正競争防止法改正解説」有斐閣(1999年)[著・不解説]

経済産業省知的財産政策室編著「逐条解説不正競争防止法(平成15年改正版)」有斐閣(2003年)[不解説]

「判例時報」判例時報社 [判時]

「判例タイムズ」判例タイムズ社 [判タ]

索　引

【アルファベット】
GPL ………………………… 168
PCT ………………………… 103
TRIPS協定 ………………… 165

【あ行】
意見書 ……………………… 63
一時的複製 ………………… 142
営業秘密 …………………… 171
オープンソースソフトウェア(OSS) … 165

【か行】
拡大された先願の地位 …… 40
願書 ………………………… 47
間接侵害 …………………… 85
技術的制限手段 …………… 175
技術的保護手段 …………… 160
機能ブロック図 …………… 53
業務発明 …………………… 44
拒絶査定 …………………… 68
拒絶査定不服審判 ………… 68
拒絶理由通知 ……………… 62
均等論 ……………………… 83
公開特許公報 ……………… 69
公衆送信権 ………………… 147
公表権 ……………………… 137
国際出願 …………………… 103
国内優先権制度 …………… 62
コピープロテクション …… 160
コピーレフト ……………… 166

コンピュータプログラム … 5

【さ行】
差止請求権 ………………… 87
産業上利用 ………………… 22
自動公衆送信 ……………… 148
支分権 ……………………… 136
氏名表示権 ………………… 137
出願公開 …………………… 60
出願審査請求 ……………… 60
譲渡権 ……………………… 149
商品形態表示 ……………… 178
職務発明 ………………… 42、44
書面主義 …………………… 46
指令 ………………………… 120
侵害罪 ……………………… 87
新規性 ……………………… 30
新規性喪失の例外 ………… 33
審決取消訴訟 ……………… 68
進歩性 ……………………… 35
信用回復措置請求権 ……… 87
図面 ………………………… 52
請求項 ……………………… 48
先願 ………………………… 39
前置審査制度 ……………… 68
早期審査 …………………… 61
創作性 ……………………… 122
創作法 ……………………… 1
送信可能化 ………………… 148
送信可能化権 ……………… 147

ソフトウェア …………………… 5
損害賠償請求権 ………………… 87

【た行】
貸与権 …………………………… 149
知的財産 ………………………… 1
知的財産法 ……………………… 1
知的財産立国 …………………… 11
知的創造サイクル ……………… 11
著作権 …………………………… 136
著作権侵害とみなす行為 ……… 157
著作権の侵害 …………………… 153
著作権法 ………………………… 117
著作権法の保護対象 …………… 118
著作権法の目的 ………………… 117
著作財産権 ……………………… 136
著作者 …………………………… 129
著作者人格権 …………………… 136
著作物 …………………………… 122
同一性保持権 …………………… 138
登録制度 ………………………… 131
特許協力条約 …………………… 103
特許権 …………………………… 70
特許権の侵害 …………………… 71
特許権の範囲 …………………… 70
特許公報 ………………………… 69
特許請求の範囲 ………………… 48
特許独立の原則 ………………… 103
特許法 …………………………… 15
特許法の保護対象 ……………… 17
特許法の目的 …………………… 15

特許を受ける権利 ……………… 42
トレードシークレット ………… 171

【な行】
内国民待遇 ……………………… 101

【は行】
発明 ……………………………… 17
発明のカテゴリ ………………… 23
発明の実施行為 ………………… 23
パリ条約 ………………………… 101
万国著作権条約 ………………… 164
頒布権 …………………………… 153
ビジネス方法 …………………… 20
表現 ……………………………… 125
標識法 …………………………… 1
複製権 …………………………… 141
複製権の侵害 …………………… 154
不正競争行為 …………………… 172
不正競争防止法 ………………… 171
不当利得返還請求権 …………… 87
フリーソフトウェア …………… 166
プログラム ……………… 5、24、118
プログラム著作物登録 ………… 132
プログラムの実施行為 ………… 72
フローチャート図 ……………… 52
米国特許法 ……………………… 107
ベルヌ条約 ……………………… 163
方式主義 ………………………… 46
法人著作 ………………………… 129
法定の主題 ……………………… 107

補償金請求権 …………………… 60
補正書 …………………………… 63
翻案権 …………………………… 150

【ま行】

ミーンズプラスファンクション ‥ 109
無方式主義 ……………………… 131
明細書 …………………………… 49

【や行】

優先権 …………………………… 102
優先審査 ………………………… 61
要約書 ………………………… 52、54
ヨーロッパ特許条約 …………… 113

著者
加藤浩一郎（かとうこういちろう）　金沢工業大学大学院　教授

略歴
上智大学大学院理工学研究科修了。日本アイ・ビー・エム（株）システム系部門においてシステムエンジニアの後、知的財産部門に所属し主任弁理士、課長、社外活動において太平洋知的財産協会委員、日本知的財産協会ソフトウェア委員会委員等を経て現職。
主な著書：「知的財産管理＆戦略ハンドブック」（共編著）発明協会（2005年）
所属：金沢工業大学大学院工学研究科知的創造システム専攻　知的財産プロフェショナルコース（東京・虎ノ門キャンパス）http://www.kanazawa-it.ac.jp/tokyo/index.htm

カバーデザイン
(株)アイテム

ソフトウェア知的財産
―法律から実務まで―

2006年（平成18年）4月27日　初版発行

著　作　　加　藤　浩　一　郎
© 2006　　Koichiro KATO
発　行　　社団法人発明協会
発行所　　社団法人　発明協会
　　　　　所在地 〒105-0001
　　　　　　東京都港区虎ノ門2-9-14
　　　　TEL．東京　03（3502）5433（編集）
　　　　　　東京　03（3502）5491（販売）
　　　　FAX．東京　03（5512）7567（販売）

乱丁・落丁本はお取替えいたします。　　印刷:(株)野毛印刷社
ISBN4-8271-0822-6　C3032　　　　　　Printed in Japan

本書の全部または一部の無断複写複製を禁じます
（著作権法上の例外を除く）。

発明協会ホームページ：http://www.jiii.or.jp／